高效团队是如何组建的?
打造顶尖团队的抓手在哪?

XITONG ZHISHENG

YILIU TUANDUI KAO XITONG

系统制胜

一流团队靠系统

方法指导 + 实操训练 + 经典案例

中国最具潜力的实战营销专家，团队组建专家

潘俊贤◎著

新华出版社

图书在版编目（CIP）数据

系统制胜：一流团队靠系统 / 潘俊贤著. -- 北京：新华出版社, 2019.5
ISBN 978-7-5166-4575-8

Ⅰ.①系… Ⅱ.①潘… Ⅲ.①团队管理 Ⅳ.①C936

中国版本图书馆CIP数据核字(2019)第069753号

系统制胜：一流团队靠系统

作　　者：潘俊贤

责任编辑：张修涛　　　　　　　　　　封面设计：刘宝龙

出版发行：新华出版社

地　　址：北京石景山区京原路8号　　　邮　　编：100040

网　　址：http://www.xinhuapub.com

经　　销：新华书店、新华出版社天猫旗舰店、京东旗舰店及各大网店

购书热线：010－63077122　　　　中国新闻书店购书热线：010－63072012

照　　排：臻美书装

印　　刷：北京文林印务有限公司

成品尺寸：170mm×240mm

印　　张：13　　　　　　　　　　　字　　数：170千字

版　　次：2019年6月第一版　　　　　印　　次：2019年6月第一次印刷

书　　号：ISBN 978-7-5166-4575-8

定　　价：46.00元

序 言

有人说，美国人统治了篮球，欧洲人统治了足球。

这个说法并不夸张，先不谈篮球，在 2018 年俄罗斯世界杯，32 支参赛球队，欧洲占了 14 个名额，以大众的视角看，本届世界杯表现最好的球队当属欧洲——14 支参赛队有 10 支从小组赛出线，6 支球队杀入 8 强，法国队、克罗地亚队、比利时队和英格兰四支欧洲球队包揽四强。

如果我们把目光再放长远一些，会发现，进入 21 世纪后，欧洲足球逐渐将南美足球甩在身后，成为世界杯上当之无愧的主角。

表面看，欧洲足球的统治地位是由于人种优势，实质上，欧洲足球是胜在体系，胜在系统上。欧洲大陆足球打法讲系统、讲整体、讲团队配合，采用 Tiki-Taka 打法，该法的核心词是：追求整体性、多传球、多跑动、快速推进、避免粘球盘带，再大牌的明星球员也需要注重团队合作，需要队友的支持与配合。这就是欧洲强队的足球系统，是现代足球最先进的战术和打法。

欧洲足球是胜在了系统上。

系统问题不仅是球队的事，也是每一个工作团队都会面临的问题。每个团队都是一个系统，团队运作的好坏、绩效的优劣取决于系统的科学程度、合理程度。

雷·达里奥是畅销书《原则》的作者，他所创立的桥水公司最注重的不是领导力，也不是领导者的个人魅力，该公司的所有领导都像普通员工一样是可替换的。那么，桥水公司靠的是什么？就是靠原则，也就是靠系统。

如果说三流团队靠的是明星成员，二流团队靠的是领导带头，那么一流团队所依靠的则是系统，即系统制胜。

团队系统并不神秘，它是由相互联系、相互作用的要素构成并形成产出，系统具有开放性、动态性、层次性，内部有信息产生及信息传导机制，它通常包含多个子系统，同所处环境互相作用并以此来影响利益相关者，当然，团队系统也是有边界的。

所谓团队系统，即驱动团队高效运转的一套内在机制，它是由团队成员、价值观、制度、流程、工作配合机制等多个要素共同构成的。

一流的团队系统能确保团队的高效率运转，讲团队目标制定、分解、落实、验收；执行流程、方法、平行配合；接受考核、接受检查、接受监督……让团队所有事项置于系统的覆盖之下，该运行机制下，团队上下、左右将产生密切关联、互动、配合、牵制、监督，根据管理权属将问题按轻重缓急程度依次向上汇总反馈，直至团队最高领导，实现团队的高效运转、规范管理。

团队系统的最高境界是设计一套活的可供团队自动运转的游戏机制和游戏规则，借助团队成员和利益相关方的利益追求、利益博弈，将其合力导向团队预定目标，借风使船、顺水推舟，自动地实现团队管理目标，实现团队的规范化管理，促成团队从"人治"到"法治"的飞跃。

我们将会详细分享打造一流团队系统的思维、原则、方法、案例、流程、标准、思路，旨在为大家的团队建设和团队工作，提供借鉴，重塑团队，实现团队的跨越式发展。

目　录
CONTENTS

1.

一流团队靠系统：球队成就梅西，
还是梅西成就球队？

·梅西的足球系统

梅西是当今足坛的超级巨星，在2011年12西甲赛季，梅西竟然打进了50个球，这是什么概念呢？《足球数学》作者大卫·森普特借助一个统计模型，计算出了西甲联赛最佳射手取得50个进球的概率只有1.36%，换句话说，梅西这样的天才球员称得上是百年一遇。

成就梅西的，是巴塞罗那足球俱乐部（巴萨），巴萨属于典型的欧洲大陆足球踢法，该踢法的核心关键词是：追求整体性、多传球、多跑动、快速推进、避免粘球盘带。

欧洲大陆足球打法注重系统、整体和讲团队配合，再大牌的明星球员也需要队友的支持与配合。无数的实战证明，这是现代足球最先进的打法。

相反，梅西在阿根廷国家队的表现则是非常挣扎，举步维艰。在2010年、2014年、2018年的三届世界杯上，拥有梅西的阿根廷国家队尽管都是夺冠热门，但却一而再再而三地同"大力神杯"擦肩而过。

在阿根廷队，梅西是绝对的核心和骨干，球队的所有行动都是围绕骨干来展开，教练也是依靠骨干来带领和驱动整个团队来完成团队目标。

在世界杯的赛场上，阿根廷队员习惯"找梅西"，围绕梅西来打，于是我们经常会看到这样的情形：不论何时何地，一旦梅西拿到球，立刻会吸引对方至少两人、甚至多人来断抢。这样，对手只要限制住梅西，阿根廷队也就很难有所作为了。

如果换作在巴萨，这种情况则断然不会发生，尽管巴萨队也会围绕梅西发动一些进攻，但他们更讲究跑位、讲究系统和配合，会让整个球队形成一个完整的足球系统。当梅西拿到球或吸引对方球员时，其周边的队友会迅速跑位至有利位置，给梅西制造多个传球机会，同时让对方球员进退两难，梅西则进可攻退可守，有了多种选择，局面就变得积极主动起来，完全迥异于其在阿根廷队的被动与别扭。

众所周知，足球是个团体项目，要靠传球和跑位，需要集体配合，而不是个人的任性发挥。踢球是一个系统，每个球员都只是系统的一员。

梅西，也属于系统，即球队系统、团队系统，有了好的系统，球员才能如鱼得水，游刃有余，缺乏有效的球队系统，哪怕是明星球员也会踢得非常艰苦，难以施展。

系统问题不仅是球队的事儿，也是每一个精英团队都会面临的问题。

就团队管理而言，精英人士非常喜欢谈论"领导力"，其实对团队来说，有一个东西比领导力更重要。团队成员（包括明星级的团队成员）和团队的关系应该由这个要素决定。最高水平的团队不应该指望什么领导力，而应该致力于建设这个东西。

这个东西就是系统。

关于系统，举个通俗的例子：如你本来在一线城市的大公司工作，和团队中的同事有着精妙的配合，感觉得心应手。后来在家人的安排下回到家乡工作，哪怕被领导高度重视、被同事众星捧月般对待，也未必能找到当初在大城市工作那中如鱼得水的感觉。

这就是团队系统在发挥作用。

雷·达里奥是畅销书《原则》的作者，他所创立的桥水公司就不怎么讲领导力，更不讲什么个人魅力，它的所有领导都像普通员工一样是可替换的。他们靠的是什么，是靠原则，也就是靠系统。如果用一句话来总结系统之于团队的重要性，就是——

三流团队靠明星，二流团队靠领导，一流团队靠系统！

·团队的系统

系统一词来源于古希腊语，是部分构成整体的意思。以系统理论的视角来看，整个世界都是由各种各样的系统构成，系统工程国际委员会为系统下的定义是：系统是一个为达到预定目标而形成并由相互协调要素构成的集合体，这些元素包括产品（硬件、软件、固件）、流程、人员、信息、技术、设施、服务，以及其他支持元素（协议、规则、信息机制等）。由此可见，除非特指，我们通常所讲的系统都是人工系统，企业组织中的团队是典型的人工系统。

团队系统是由相互联系、相互作用的要素构成并形成产出，系统具有开放性、动态性、层次性，内部有信息产生及信息传导机制，它通常包含多个子系统，同所处环境互相作用，并以此来影响利益相关者。

在麦肯锡咨询公司构建的团队（组织）系统7S模型中，包含七个要素：战略（strategy）、结构（structure）、制度（system）、员工（staff）、技能（skill）、风格（style）、共同的价值观（shared values）七个要素。该模型中，战略、结构和制度三个要素被认为是团队（组织）成功的"硬件要素"，而员工、技能、风格和共同价值观等四要素则被认为是团队（组织）成功的"软件要素"，对团队（组织）系统而言，"软件要素"和"硬件要素"，同等重要，两手都要抓，两手都要硬。

在我看来，所谓团队系统，简单而言，即驱动团队高效运转的一套内在机制，它是由团队成员、价值观、制度、流程、工作配合机制等多个要素共同构成的一个整体。分解开来，一套完整的团队系统通常包含以下子系统：

一、管理系统（用来解决汇报问题、授权问题、权责问题、沟通问题）

1. 管理层级：团队领导者——高管——中层——基层（不同规模和类型的团队，涉及的管理层级也不同）；

2. 权责机制：各级管理人员、执行人员权限、责任；

3. 汇报体系：什么问题需要向团队最高领导人汇报，什么问题需要向直接领导汇报；何时汇报，采取何种途径汇报；正式汇报与非正式汇报；定期汇报与临时汇报；

4. **授权机制**：上不专权、下不越权、横不争权、授权有度、分权有道；

5. **沟通机制**：正式沟通与非正式沟通；向上沟通、向下沟通、平行沟通；

6. **落实机制**：汇报的问题如何落实、何时落实、责任到人；

二、目标系统（用来解决：业绩问题、运营问题）

1. **目标制定**：团队总体目标、部门目标、项目目标、个人目标；年度目标、季度目标、月度目标、周目标、每天目标；目标何时制定，谁来制定，谁来验收；

2. **目标分解**：总目标如何分解到部门、项目、个人，谁来分解，谁来解释，谁来下达；

3. **目标实施**：实施计划、方案、方法；

4. **目标验收**：何时验收、谁来验收、以什么标准验收；

5. **异常处理**：达成目标如何处理；未达成目标如何处理；超额完成目标如何处理；

三、执行系统（用来解决：落实问题、合作问题、低效问题，做到自动自发运转、按流程办事、领导在与不在一个样）

1. **执行流程**：执行规范操作流程；所有工作均需按流程执行；

2. **配合机制**：部门、项目内部配合机制；平行部门、项目配合机制；高管团队配合机制；临时工作、临时项目组配合机制；

3. **监控机制**：谁来监控、检查、监督任务的执行情况，以什么标准、什么方式来监控；

4. **奖惩机制**：执行到位有何奖励；执行不到位有何惩处；

四、考核体系（用来解决：落实不到位、虎头蛇尾，员工工作的原动力问题）

1. **全面覆盖**：考核体系应覆盖团队所有人员；

2. **细化可操作**：考核措施要尽可能细化，可供操作；

3. **利益驱动**：所有员工所有工作均须同利益挂钩；制度体系要符合

每个参与者的利益诉求；利益博弈：任何一方不遵守游戏规则，都会在利益上得不偿失；

在系统化、高效率的团队运行体系之下，团队所有成员和构成部分，都要面对：目标、执行、考核的问题，细化开来又涉及——目标制定、分解、落实、验收；执行流程、方法、平行配合；接受考核、接受检查、接受监督……如此一来，团队上下、左右将会产生密切关联、互动、配合、牵制、监督，并根据管理权属将问题按轻重缓急程度依次向上汇总反馈，直至团队最高领导，实现团队的高效运转、规范管理。

·系统问题需要系统思维

每个团队都是一个系统，系统问题需要具备系统思维。系统思维是团队领导者和团队成员的一项长期必修课，学会系统思考，有助于团队健康发展，铸就一支高绩效的团队。

系统思维可以帮助寻找和抓住团队管理中的主要矛盾，从而聚焦高杠杆作用领域，找到团队运营的"高杠杆法"，有所为有所不为，将有限的资源和人力用于刀刃上，提高资源利用效率。

相反，如果缺乏团队管理的系统思维，则很容易——

按下葫芦，浮起了瓢；

只顾眼前，忽略长远；

头痛医头、脚痛医脚；

只见树木，不见森林；

只看现象，不见本质。

只有系统思维，才能抓住团队的整体，抓住要害，进行系统思考，才能不失原则地采取灵活有效的方法处理事务。

所谓系统思考，就是对团队运营的全方位、全过程、全领域进行研究和思考的整体性的思维方式。团队管理者，要努力掌握系统思考的方法，提高系统思考的能力，由片面思维向整合思维、发散思维、系统思维转变。要在系统思考中勤于学习，善于学习，以增强全局观念和工作上系统性，减少和避免片面。

养成系统思考的习惯，从广角镜去看世界，首先有必要认识、理解团队系统这个概念。一要防止分割思考，注意整体思考；二要防止静止思考，注意动态思考；三要防止表面思考，注意本质思考。

1. 学会整体思考

整体性是系统思维方式的基本特征，它贯穿于系统思维运动的始终，也体现在系统思维的成果之中。

现代企业团队的自动化程度越来越高，有许多岗位串联而成的工作组越来越多，每条工作组上的分工也愈来愈细。作为管理者，应懂得整体地思考系统的可靠性问题。

举例来说，某企业的生产设备都进行了精心的安装和调试，人员也都经过了精心的培训；再有一条生产线由100个岗位串联而成，每个岗位的可靠率都达到了99%。看起来似乎已经足够很好了，但系统的可靠性工程理论认为：整条生产线的可靠性应等于各个环节可靠率的乘积。100个99%相乘后是多少？36%，这就是系统最后的可靠性。

这告诉我们：一个企业组织、一个团队、一个管理者不要只看到自身，而要考虑自身对整个系统来说会有什么样的影响。早在第二次世界大战时期，人们就意识到了这个问题，这个问题源于两件事：

第一件事，美国在第二次世界大战中被击落的飞机共有14000架，而飞机自己坠落的竟然有21000架，这个数字震惊了美国当局，专家们经过分析发现，原来是飞机制造系统出了问题。

第二件事，纳粹德国在第二次世界大战中生产的10枚V1型弹道导弹，发射后居然没有一枚打到英国本土上，研究发现，也是导弹制造系统出了问题。原来导弹由万个零件组成，100个0.99连乘是36%，那么上千个0.99

连乘，结果是多少？数值更小了，系统的可靠性更差了。

所以说，整体地思考问题很重要。

2. 学会动态思考

团队系统的稳定是相对的，任何系统都有自己的生成、发展和灭亡的过程。因此，团队系统内部诸要素之间的联系及系统与外部环境之间的联系都是动态的，都与时间密切相关，会随时间不断地变化。

不论是从内部，还是从外部看，团队都是一个动态的系统。对外，它要时刻保持着与企业、关联部门和外部市场的信息交换；对内，它既要组织人、财、物，或者实施产品生产，或者提供服务，还要进行信息生产。这一动态过程，决定管理者必须要用动态思想去思考问题。

实践中，要有明确的时空观，在判断、分析和处理问题时，要充分考虑时间的继起性、空间的并存性、原因的多样性和问题的发展性。

3. 学会本质思考

面对团队中纷繁复杂、不断变化的问题，我们既不能忽视它，也不能仅停留在现象上，要透过现象看到它本质的东西，并做到未雨绸缪。

人的头脑习惯于注意幅度较大的变化，我们要学会看出缓慢、渐进的过程，用一个成语形容，就是要防微杜渐，把问题化解在萌芽状态。

·好系统的自组织能力

德国理论物理学家 H.Haken 从组织进化的形式角度，将组织分为自组织和他组织，所谓他组织，指依靠外部指令而形成组织的系统；所谓自组织，则是指不存在外部指令的前提下，系统按照某种自发的、默契的规则，各司其职同时又完美配合从而自动形成的一种有序的组织结构。

显然，一个系统的自组织能力越强，其效率、创新能力和存续能力也就越强。这一观点同美国环境科学家 Donella H. Meadows 的看法不谋而合，他在《系统思维入门》（*Thinking in Systems: A Primer*）一书中提到，好的系统应该满足三个要点，其中之一即是"它要有自组织能力"。

　　只要有人群协作的场合，就有可能产生自组织，不论是欧洲大陆的一流球队，还是在企业组织中，如海尔的内部员工创业模式、华为的"三人战斗小组"、百度的小团队制等等，都称得上是自组织管理的落地和探索。

　　作为国内一线互联网企业，百度一直在进行自组织管理模式的探索，积极鼓励小团队制。百度CEO李彦宏本人极为推崇小团队，如针对百度最高奖的奖励对象问题，他的解读是"什么样的人、什么样的团队能够获得最高奖？首先这个项目必须是一个小团队，小到什么程度？必须少于十个人。可以是一两个人，也可以是九个人、十个人，但绝不能是十一个人"。

　　在百度的数万名员工中，有数千个具有自组织属性的小团队在运转，从传统组织的视角看，它们是不稳定的，甚至是无序的，会随着团队工作目标的调整而不断进行重新打散、组合。但对于创新驱动型的企业而言，这些小团队通过不断尝试、快速试错，往往能够发现核心业务的创新方向甚至战略机会，从这一意义上讲，这些有着自组织特质的小团队，扮演的是企业尖刀队、侦察班的角色，是企业创新的原动力，是企业战略突破口的攻坚力量。

　　小案例：在百度的一场内部会议上，一个商务部门的主管和一个技术部门的主管坐在了一起，由于所处完全不同的工作领域，起初二人并没有找到太多的共同话题，也没有发现业务上的交集。不过，在经过十几分钟的沟通后，两位主管开始了兴奋的交谈，原来，商务部门正在推进的业务模块同技术部提供的后台技术密切相关，经过激烈碰撞，二人决定牵头成立一个十几人的跨部门业务团队，将二者的业务相关性扩展为一个实质性工作团队，提升工作效能。

　　这种情况在传统型组织和团队看来，是不可思议的，因为容忍团队内部的自组织，不是一件容易的事，自组织会让整个团队系统显得不一致、不统一、不规范，会打乱原有的系统，也会在某种程度上进行分权，想要在团队内部出现自组织，或让团队自带自组织属性，系统领导者不仅要具备大格局，必须要向基层放权，给予一定的自由度，而且还得允许试错，容忍试错，这才是自组织的挑战所在。

因此，团队在引进自组织管理时，应充分考虑以下几个前提要素：

第一，确保价值观、愿景和目标统一，保证团队的总体方向。在团队自组织管理中，由于内部自组织行动发起和决策的自发性，务必要使其在团队整体价值观、愿景和目标的框架约束之内，否则就是各自为战。尤其是在外部环境不确定性因素较多、知识型员工成为团队主体的情况下，更需要确保团队价值观、愿景和目标的统一，确保自组织的行为不偏离团队总体方向。

第二，自组织管理的规则意识。团队内部的自组织，多是为了工作、项目的顺利开展而自发形成，并没有明确的职位概念，每个团队成员都可以发起某项任务和行动，同时也可以自主决定加入某个项目和行动中去，这种情况下，每个人的身份和地位都是平等的，自组织的管理不是依靠上下级的权威来实现，而是依靠规则来进行，要具备规则意识。

第三，自组织的开放性。在整体框架的约束下，要激励自组织保持充分的开放性，自组织管理的开放性表现为对外界环境的适应能力。这样，在瞬息万变的组织、团队外部环境中，自组织才能充分同外界交互，做出快速反应，进行非线性创新，实现组织和团队的快速迭代，成为团队中真正意义上的快速反应部队。

第四，高度信任、充分授权。在自组织里，一定是高度授权的，成员之间一定是高度互信的，这样才能使每个人都是自动去负责、自动去追求团队协同，从而自主地进行价值创造。

·自组织团队的四个关键词

自组织区别于他组织的地方，可以用四个关键词来形容：

扁平化、去中心化、"区域"观念、合作意识。

第一，扁平化

他组织结构的典型特征是多层级。以传统跨国公司为例，从水平层面看，往往分为：CEO——全球层——大区层——小区层——小区内部；从垂直层面看，又分为各种业务事业部和财务、人力、行政、法务等支撑单元。各个分层、事业部、支撑部门都要向上一层级进行逐级汇报。这种多层级的管理模式会影响信息的有效传递，而且复杂的汇报流程，不仅耗费时间，同时也会让高层脱离一线市场和客户，从而导致决策迟缓和创新乏力。

而自组织则具有明显的扁平化特征，即管理层级大大缩减，典型代表是小米，其公司组织架构只有三层（见图1-1），而且不会让团队太大，团队稍微大一点就会拆分成小团队。

扁平化的组织结构能够有效对抗多层级组织所导致的信息衰减与扭曲，而且组织越扁平，信息流通的速度越快、透明度越大，组织活跃度和创新能力越高，越能实现高产出。

```
    ┌──────────┐
    │  合伙人   │
    └──────────┘
         ↓
    ┌──────────┐
    │ 部门领导  │
    └──────────┘
         ↓
    ┌──────────┐
    │   员工    │
    └──────────┘
```

图1-1

第二，去中心化

传统他组织型团队，通常只有一个中心，即团队最高领导者，或是领导团队，是自上而下的领导方式。而自组织团队则是分布式、多中心的控制手段。在自组织状态下，会出现去权威、去中心化的表现，人人都可能成为中心，都可能成为小团队的发起者和CEO。当然，去中心化，并不是完全不要中心，也不等于人人都是中心，它只是改变了原来的集权中心，变为多个控制中心。

去中心组织中的权威也会由中心化组织的自上而下式，进化为分布式、多层次的权威架构。通常，组织的权威表现在三个方面：行政命令权威、流程权威和专家权威。不管是什么类型的组织，内部是一定需要权威的，只不过是由过去单一的、自上而下的行政命令权威转变为多元的、纵横交错的权威体系。

第三，"区域"观念

包括梅西所服役的巴萨队在内的欧洲足球队，采取的都是Tiki-Taka打法，其基本原则是通过频繁的传球，将球快速推进到对方球门前，这就要求球员要具备"区域"观念，每个球员都要有自己的专属区域，并通过少带球、多传球、多跑位的方式，来确保自己的专属区域足够大，这样才能跟邻近区域的队友进行紧密配合。

自组织团队成员，同样需要建立"区域"观念，这里所讲的"区域"包含传统的岗位职责的内容，但不仅限于此。由于自组织并没有非常明确的角色分工，很多角色都是随机自动生成的，因此，需要团队成员扮演多种角色。在自组织团队中，一个人的角色可能是多重的，所负责的区域也更广，进而就需要具备多种工作技能，特殊时刻还需要具备领导能力和组织协调能力，甚至可以成为一个中心来调动团队内的资源去达成自己的目标。简单来说，自组织团队的成员需要具备跨界能力，尽可能扩大自己的职能区域。

第四，合作意识

合作意识是对所有团队成员的要求，团队是一个系统，每个成员都是系统的一员，需要的不是个人的能力发挥，而是紧密无间的团队配合。

早在 18 世纪，法国军事家拿破仑就得出了这样的结论："两个马木留克兵绝对能打赢三个法国兵；一百个法国兵与一百个马木留克兵势均力敌；三百个法国兵大都能战胜三百个马木留克兵；而一千个法国兵则能打败一千五百个马木留克兵。"

造成上面强弱变化的原因在于马木留克骑兵尽管单兵素质较高，但缺乏团队合作意识，而个人力量不甚强大的法国骑兵却有着一流的合作意识、严密的组织，这种合作性和组织性，将他们凝聚成了一个紧密配合的战斗团队，他们的力量就不再是单个人力量的简单总和，而是一种呈几何级裂变的新力量，能够无坚不摧。

自组织团队去中心化趋势的最终目标是实现团队个体成员的自我决策，以及个体与个体间的协同共建，成为团队扁平化的推动力量。缺乏合作意识，自组织将难以发起、推进、成形、成熟，团队系统的自组织能力将会形同空中楼阁。

·领导力与"无为而治"

对团队管理者而言，"自组织""无为而治"这样的字眼，有着非凡的吸引力。团队管理者，经常会被日常琐碎管理工作搞得焦头烂额。这时，如果有人告诉你，你每天这么努力，这么忙碌，团队看起来还是一团糟，恰恰是因为你对团队干预太多、作为太多。你要学会放手，学会自组织，学会无为而治，打造团队系统，让系统支撑团队自动运转。

问题是如何完成这种转变，如何把握"无为而治"与"撒手不管"之间的尺度，如何发挥自己的领导力。

我们提到：三流团队靠明星，二流团队靠领导（力），一流团队靠系统。

其实，一流团队同样不容忽视领导力的作用，系统背后需要领导力作为支撑，尤其是团队领导者的领导能力。而且，自组织也不是无组织，无组织就是一盘散沙，自组织也需要更高明的领导力。它们都指向一个共同的关键词——无为而治。

无为而治，原本是道家学说的一种基本主张，在老子看来，世界的本原是无，只有无才符合道的原则，他强调"圣人处无为之事，行不言之教"，无为，即"不为物先，不为物后"，顺乎自然以为治。无为是实现无不为、无不治的前提和条件。

无为而治对领导者的特殊意义在于它的有效而无形、有序而无压迫、和谐而不僵化。

团队领导者，重在发挥领导职能，应尽可能做到抓大放小，让合适的人去做合适的事情，团队领导者的"有为"，不应是直接指向目的的活动，而应是直接指向被领导者的活动。这样，大的才能带动小的，以收"牵一发而动全身"之功效，形成上闲下忙、上"无为"下"有位"的局面，这也正是《周易》所讲的"君闲臣忙则国必治"的真正寓意所在。

这给我们一个重要的启示：当打造团队系统的时候，当团队从他组织向自组织转型的时候，绝对不能简单地"撒手不管""一放到底"。不管一开始是自组织还是他组织，如果突然彻底"无为"，他组织力立即消失，但自组织力尚未成长起来。这时组织力消失，团队系统将无可避免地走向混乱。

无为而治的真谛是有所为有所不为，无为而治对团队领导者的特殊意义在于，它的有效而无形、有序而无压迫、和谐而不僵化。这是一种最高境界的领导艺术，无为而治不等于什么都不做，关键在于领导者要专注于自己的领导职能，抓主要矛盾、抓中心、抓关键，找到卓越领导力的"高杠杆法"。无为而治的实现需要建立在一定的前提之上，如价值观、制度、流程、用人、授权、激励、考核、互信的团队氛围，否则，什么都不管，只顾无为而治的话，局面只会越来越糟。

系统制胜：一流团队靠系统

◎梅西，属于系统，即球队系统、团队系统。

足球是个团体项目，要靠传球和跑位，需要集体配合，而不是个人的任性发挥。踢球是一个系统，每个球员都只是系统的一员。

系统问题不仅是球队的事儿，也是每一个精英团队都会面临的问题。

◎团队系统，简单而言，即驱动团队高效运转的一套内在机制。

现代企业组织的团队系统是由团队成员、价值观、制度、流程、工作配合机制等多个要素共同构成的一个整体。

◎每个团队都是一个系统，系统问题需要具备系统思维。

系统思维可以帮助我们寻找和抓住团队管理中的主要矛盾，从而聚焦高杠杆作用领域，找到团队运营的"高杠杆法"，有所为有所不为，提高资源利用效率。

◎团队系统的自组织能力越强，其效率、创新能力和存续能力也就越强。

不论是欧洲大陆的一流球队，还是企业组织中的创新团队，如海尔的内部员工创业模式、华为的"三人战斗小组"、百度的小团队制等，都称得上是自组织团队。

◎自组织团队的四个关键词：扁平化、去中心化、"区域"观念、合作意识。

2.

团队是一个系统，每个成员都是系统的一员

·杜绝人员浪费，做好人岗匹配

一流的团队系统是紧凑的，要杜绝人员上的浪费和臃肿。在团队内部，管理者应该着力营造一种"人事相宜，人岗匹配"的用人机制。实践中，坚持"让合适的人做合适的事"的原则，从才干的角度出发，不断挖掘人的优点和长处，而且使人的最大优势与相关岗位相匹配，让团队成员的优势能得到最大限度的发挥，创造出高价值。

要建立这样的用人机制，有必要去探索并建立以下三个方面的制度：

第一，建立才干识别与分类的制度，让合适的人去做合适的事。也就是去识别团队成员的才干，通过各种测评手段盘点他们，随时准备配置他们，通过建立人才识别与分类的制度，盘活团队现有的人才库。

第二，建立公平、公正、公开的人才选拔机制。无论是内部选拔还是外部招聘，选拔机制很重要。为了杜绝选拔中的弊端，可以建立规范的选拔过程和明确的选拔标准，用制度来保证公平、公正、公开。

第三，通过实习岗位、临时性项目负责人等考察程序进一步考察人才。各种测评、选拔方式只是测试了员工具备的潜质，这种潜质能否显性化转化为工作能力还受到各种内外部环境和条件的制约。

通过这种方式，一方面可以让管理者有机会修订用人决策，另一方面可以通过这种方式对人员进行辅导和锻炼，同时，这种方式还可以促使任职者更加努力工作、激发其潜能。

所谓团队的人岗匹配，就是按照"岗得其人"、"人适其岗"的原则，根据成员不同的才干将不同的人安排在各自最合适的岗位上，从而做到"人尽其才"。"人岗匹配"，一方面对人的职业发展有莫大的好处，另一方面对管理者而言，把人才的作用最大化了。那么，如何来实现"人岗匹配"呢？

第一，岗位分析

"人岗匹配"的起点应该是岗位分析，因为只有了解了岗位的具体要求，我们才能去选择适合岗位的人，这样才能实现"人岗匹配"。如果脱离了岗位的要求和特点，"人岗匹配"就会成为无源之水。

所谓岗位分析，是对某项工作，就其有关内容与责任的资料，给予汇集及研究、分析的程序。主要内容包括：

·岗位名称，用简单准确的文字对岗位的工作任务作概括。

·岗位工作任务分析，就是调查研究企业中各岗位的任务性质、内容、形式、执行任务的步骤、方法、使用的设备、器具等。

·岗位职责分析，包括工作任务范围、岗位责任大小、重要程度分析等。

·岗位关系分析，就是分析相关岗位之间有何种协作关系，协作内容是什么？他受谁监督指挥，他又去监督指挥谁？这个岗位上下左右关系如何？岗位升降平调路线方向如何？

·工作环境分析。

·岗位对员工的知识、技能、经验、体力等必备条件的分析。

第二，员工才干、胜任素质分析。

当我们了解了相关岗位的特点和要求，接着就应该进入"人岗匹配"的关键环节——了解相应的员工的才干和素质。具体可通过履历分析、纸笔考试、心理测验、笔迹分析、面试交谈、情节模拟、评价中心技术等等。借助这些途径，来达到真正识别一个人的目的。

第三，进行匹配，知人善任。

知人善任是实现"人岗匹配"的最后一步，也是能不能发现并最大限度地利用员工的优点，把合适的人放在合适的位置，尽量避免人才浪费的最关键的一步。"没有平庸的人，只有平庸的管理"，每个人都有自己的特点和特长，知人善任，让团队成员去做他们适合的事情，这样才能充分发挥他们的工作潜能，实现人才的有效利用。

总之，管理者在用人的时候，应该多一些理性，少一些盲目；多一些人尽其才的意识，少一些大材小用的虚荣。管理者应以每个成员的专长为思考点，安排适当的岗位，并依照他们的优缺点，做机动性的调整，这样才能"岗得其人""人适其岗""人岗匹配"，达到人与岗的统一，让团队发挥最大的效能。

·优势互补的团队成员

马云曾坦言："我最欣赏的就是唐僧师徒团队！"因为他们是一个优势互补型团队，在马云看来，一个企业里不可能全是孙悟空，也不可能都是猪八戒，更不可能都是沙僧。"要是公司的员工都像我这么能说，而且光说不干活，会非常可怕。我不懂电脑，销售也不在行，但是公司里有人懂就行了。"马云如是说。

从团队系统的角度衡量，建立优势互补、专业能力完美搭配的"异质性"团队是保持团队稳定和高绩效的关键。团队成员不仅仅要考虑相互之间的关系，最重要的是考虑成员之间的专业、资源、能力和技术上的互补性，充分发挥个人的知识和经验优势。

在复星集团的网站上，创始人团队一览是这样描述的："复星创始人是公司战略的制定者和执行者。他们四人均毕业于复旦大学，18年持续合作至今，风雨同舟，利益共享。他们年轻、富有激情和活力，始终对未来充满进取心，对事业的成功充满渴望并激情投入，理念一致、个性互补、知行兼优，洞悉中国市场，是优秀的实干型团队。"

这是一个优势互补型团队的楷模，下面，我们就复兴高管团队为例，来分析互补型团队的表现：

第一，年龄互补

年龄优势互补是团队人才梯队建设中的一个重要表现，团队中应以合适的比例存在老、中、青的合理搭配，以便取长补短，这样既能保持团队的稳定与稳重，也能使团队永葆激情与创新。因为，通常中老年人，比较稳重，经验丰富，具有威信，他们的缺点是体力不足、缺乏进取精神。而年轻人则正好与他们相反，他们之间可以充分做到取长补短、优势互补。

优势互补的复星团队（1）

来看复星的创业团队，当时他们其实是五人团队，他们都是复旦大学的校友，郭广昌学的是哲学，比梁信军、汪群斌、范伟高两级，梁、汪、范1987年考入的复旦；谈剑则又比他们三人低两级，是团队中唯一的女性，也是团队中最小的成员。

但从他们几人的年龄上看，相差似乎不大，不过在学校时，他们几个关系就非常融洽。当时汪群斌是生命学院团总支副书记，范伟则是最早从事勤工俭学的，在学校的誉印社做经理，梁信军在校团委当调研部长。这在一定程度上弥补了他们年龄上的同质化。

不过，后来复星董事会又增加了几名德高望重的新成员，丰富了高管团队的年龄层次，团队成员的年龄构成更加合理化。

第二，专业互补

专业优势互补是指在团队中，不同学历、专业和经验的人士应当有一个合理的分布。现代企业的决策、经营管理、市场开拓等工作都是一些复杂的系统工程，需要多种知识和技能的横向联合。而在"知识爆炸"时代，任何一个人都不可能掌握众多的科学技术知识和生产技能，需要与不同专业的员工通力合作。

优势互补的复星团队（2）

在复星团队，郭广昌学的是哲学，梁信军、汪群斌、范伟都是遗传学出身，而谈剑念的则是计算机专业。其中，郭广昌的专业性不强，但他的综合素质和情商非常高，领导力最强，而梁信军、汪群斌、范伟的遗传学背景，又为复星在生物工程领域大展身手奠定了坚实的专业基础。创业团队中唯一的女性谈剑，学的是计算机专业，她也从不同角度为团队注入了新气象。

另外，复星决策团队在进行重大决策时，除了上述五人外，还有财务、法律、人力资源和投资方面的四个董事，他们也都是所在行业的专家。这样，不同的专业背景人士组成的决策团队，就在很大程度上保证了决策的全面与客观。

第三，个性、能力互补

个性是指一个人的"脾气""性格"等，它表现为一个人身体、精神、心理上的嗜好、倾向、气质、思想、精力、学历、经验等全部生活情况。俗话说"一个神一个像，一个人一个样。"

在团队中，我们可以看到各种性格的人：有的人内向，有的人外向；有的人沉默寡言，有的人冷静善思；有的人喜欢冒险，有的人善于规避风险……

不同性格的人必然会表现出不同的能力，这些性格和能力并无上下高低之分，我们要做的是让团队成员的个性、能力也实现优势互补。

这一点在复星的团队中得到了淋漓尽致的体现：

优势互补的复星团队（3）

郭广昌是复星实业的召集者和发起者，他出资最大，对企业的贡献也最大，个人决策能力最强，看问题比较准，当然也年长几岁，因此他被推举为了团队带头人。团队二把手梁信军对郭广昌的评价是："他情商高，起到一个很好的整合团队的功能，首先让这个团队每个人都能畅所欲言，同时还给大家适当分权，很好地协调。另外在战略思考上，每次当一件事达到一个水准，觉得可以歇一口气的时候，他都能提出重新创业，一个新的像大山一样的目标。"

团队二把手梁信军，他口才好，反应快，精力充沛，善于沟通交流，因此，他就做了集团的党委书记和新闻发言人。

汪群斌，性格比较温和全面，执行力很强，他和范伟、谈剑三人都适合做一些具体的事情，如今在复星的多元化产业里面也都是独当一面的好手。

而五人中唯一的女性谈剑的特殊优势则在政府公关等事务，同时她还是上海星之健身俱乐部总经理。

五个人的性格、能力优势很好地实现了互补，梁信军自称他们五个人就像五根手指，哪根也少不得。五根手指攥紧，就是一只拳头。他说："郭广昌的领导力和我的口才如果没有其他三人的执行力和操劳，战略也就等于零。"

最后，需要补充的一点是，领导者在挑选团队成员时，除了要考虑到优势互补外，还应非常谨慎，多考虑到其他方面的因素。首先团队的成员应该都是有梦想的人，是为了做出一番事业而走到一起，而不是为了简单的现实利益。而且，都应该有团队合作的精神和理念，在事业的发展、人生的理念上也很接近。只有价值观念相近、个人素质较高的人在一起组成的团队，系统才更容易形成。

·基于胜任力的团队成员管理

一流的团队系统，对其成员的期望，早已不再是仅仅能够完成任务，完成职责范围内的事，而是完美地胜任团队和岗位上的工作要求。

职责是属于工作中不得不做的事情，类似于使命，是指为了在某个关键成果领域取得成果而完成的系列任务的集合，它常常用任职者的行动加上行动的目标来加以表达。

简单来说，职责是用来界定下列事项的：

第一，员工需要完成的基本工作；

第二，与其他岗位需要协调的事项；

第三，员工应该向领导汇报的事项；

第四，员工所负责的一切其他事项及其相关安全。

例如：

客户专员是用来维护客户关系的，以保持和提升公司在客户心目中的形象；

人事专员是负责员工的招聘、洽谈、劳动合同的签订、为员工办理社会保险、员工档案编档、宿舍安排的；

财会人员是用来分类统计各种财务收支、制成对应表格让公司决策调整公司政策方案的；

销售人员是为客户提供服务、帮助顾客做出最佳的选择，最终将公司产品、服务销售出去的；

行政人员是负责办公室日常办公制度的维护管理、办公后勤保障工作、对全体办公人员（各部门）进行日常考勤、处理公司对外接待工作、组织公司内部各项定期和不定期集体活动的；

每一个岗位职责的确定，都需要综合考虑以下因素：

（1）根据工作任务的需要，来确立工作岗位名称及其数量；

（2）根据岗位工种确定岗位职务范围；

（3）根据工种性质确定岗位需要使用的设备、工具、工作质量和效率；

（4）明确岗位环境和确定岗位任职资格；

（5）确定各个岗位之间的相互关系；

（6）根据岗位的性质明确实现岗位的目标的责任。

再看胜任力，简单而言是指那些将在同一工作中表现卓著者和表现一般者相区别的个人内在特征。这些特征通常表现为价值观、动机、态度、个人特质、专业知识和技能等。也可以从职业、行为、综合三个更宽泛的维度上定义胜任力，即：

（1）职业维度，也就是那些用于处理具体的、日常工作的技能；

（2）行为维度，是指用来处理非具体的、随机的任务的技能；

（3）综合维度，通常是指结合具体情境而定的一种管理技能。

胜任力是一种能力，它是决定员工工作成效的一种持久特质。一般而言，那些绩效出众的员工都具有极强的判断力、及时发现问题的能力以及快速行动的能力，为了挑战高绩效，他们还会为自己设定富有挑战性的目标。这一事实的存在，也使得团队的成功务必要建立在三大基石之上：一是团队中领导决策层的能力；二是团队中员工的能力；三是团队是否存在一种文化，它能够培育员工的能力并使之最大化。

胜任力是指在一个团队中绩效优秀的员工能够胜任其工作岗位而具备的知识、技能、能力和特质。值得注意的是，并不是员工的所有知识、技能、能力和特质都可以称之为胜任力。除非它们满足以下三个重要特征：

第一，这些知识、技能、能力和特质要与员工所在工作岗位的要求紧密相连，换句话说，它们在很大程度上会受到相应工作环境、工作条件以及岗位要求的影响。举一个简单的例子，在某一工作岗位上来说非常重要的知识技能，放在另外一个工作岗位上可能就会成为制约其发展的阻碍因素。

这一点很容易理解，如具备内敛、能够坐得住冷板凳的人或许能够成为一个好的档案管理员，但这个人如果放在一个销售人员的岗位上，那么，他的那些特质会成为其取得卓越业绩的一大障碍；

第二，与员工的工作绩效有密切的关系，或者从某一个角度来看，它能够预测员工未来的工作绩效；

第三，通过胜任力这一概念能够将组织中的绩效优秀者与绩效一般者加以区分。换句话说，优秀员工与普通员工在胜任力上会表现出显著性的差异，团队可以将胜任力指标作为员工的招聘、考评以及提升的主要依据之一。

只有满足上述三个重要特征的知识、技能、能力和特质，才能够被称为胜任力。由此可见，胜任力是一个具有针对性的、动态性的能力概念，它会由于岗位、职业特征的不同而不同，这种不同又可以表现在三个层面上：

首先，在不同团队和不同行业中，相同或类似工作岗位上，员工的胜任力特征是不尽相同的；

其次，在一个组织中，不同的工作岗位所要求员工具备的胜任力的内容和水平是不同的；

再者，在一个团队中，即使相同的工作岗位，所要求员工具备的胜任力的内容和水平也是不同的。如在一家企业的技术团队，同样身处工程师岗位的员工，他们的具体工作指向可能是工艺工程师、模具工程师，也可能是编程工程师，他们所要具备的胜任力的内容和水平当然是不同的。

因此，针对胜任力的这些情况，团队管理人员应该本着"人员——职位——部门——组织"四者之间相互匹配的原则，从整个组织的愿景、使命、目标和战略发展要求出发，对不同工作岗位员工的胜任力要求做出全面细致的分析与描述。

1. 构建员工胜任素质模型

1993 年美国心理学家斯班瑟提出：素质在个体特质中扮演深层且持久的角色，而且能预测一个人在复杂的工作情境及担任重任时的行为表现。此后 Hay 集团提出了与职位相对应的胜任素质模型，也就是著名的"冰山模型"。该模型下，员工胜任素质是由以下要素构成的：

构成要素	详细描述
知识	指个人在某一特定领域拥有事实型或经验型的信息。
技能	指个体能够有效运用知识完成某项具体工作的能力。
自我形象	指个体对自身状态感知能力，它包括对自己的长处和弱点、思维模式、解决问题的风格，与人交往的特点以及对自我角色合理定位等的认识。
社会角色	即个体在公共场合所表现出来的形象、气质和风格。
品质	包括气质、性格、兴趣等是个体表现的一贯反应，如性格内外向、不同的气质类型等。
动机	推动个体为达到某种目标而采取一系列行动的内驱力，如成就动机强烈的人会持续不断地为自己设定目标并努力达到。

该模型之所以被称为"冰山模型"，在于个人能力如冰山，相对应的，

浮出水面的部分象征着一些专业知识、技能等表层特征，这些特征只是对一个胜任员工的最基本要求，而且他们也是容易培养、容易感知和判断的，也正因为如此，它们并不能用来决定或判断一名员工工作中是否有突出的表现；而埋藏在冰山下面的则是品格、动机、态度、行为习惯和价值观等深层次胜任特征，它们才是与高绩效密切相关的。

可见，冰山下面的东西，是万万不可忽略的。就像两个刚走出大学校门的毕业生，他们的起点基本一样，但三两年之后，他们之间的差距会被拉得很大。甚至是一个人平步青云，而另一人则一直在原地踏步。导致这种巨大反差的根本因素，就是那些隐藏在冰山之下的东西，也就是一个人的品格、态度或价值观等深层次因素。因此，评判一个员工能否产生卓越的业绩，是否能够取得不断的进步，关键是要看他们身上是否具备这些胜任特质。

另外，在建立员工胜任素质模型时，还必须以组织、部门的预期目标为导向，其中联系越紧密，关系越明确，胜任素质模型对组织、部门的效用越大。

2. 要对相关人员的胜任能力进行描述、定义

如团队管理者的胜任能力包括：必须具备领导能力、决策能力、战略性思考能力、激励能力以及沟通能力……对于普通团队成员，则应该根据相应的职位来进行描述、定义，但通常情况下，不论身处哪个职位，敬业精神、团队意识、沟通能力、时间管理能力等方面的能力则是必不可少的。

3. 基于胜任力的团队管理

基于胜任力的团队管理，是以团队成员的胜任力为基础的管理模式，是对员工的胜任力资源进行管理、合理利用、有效开发，是对团队需要的胜任力人才的获取、配置和科学合理使用，是对员工的现有胜任力的发挥、潜在胜任力的有效挖掘，这也为团队管理的实践提供了一种更宽广的视角和更有利的工具，对工作分析、员工培训、绩效考核和员工职业发展等管

理工作带来了新的思想和方法。

第一，基于胜任力的职务分析。胜任力能够区分表现卓著者和表现一般者，因此，可通过分别提取卓著员工与普通员工的特质，来获得胜任特征。

第二，基于胜任力的任职资格分析。也就是结合团队内每个岗位及组织层面的要求，明确胜任该岗位所需要的素质，这种素质能够确保员工在该岗位上发挥出最大潜能的胜任特征，最终，要以此素质标准来对员工进行挑选。

岗位任职资格的分析，可从以下三方面进行：

（1）个人的胜任力，也就是个人能做什么；

（2）岗位工作要求，是指个人在工作中被期望做什么；

（3）组织环境，指个人在一定的组织环境中可以做什么。

相应岗位的胜任特征就是上述三个方面因素的交集，它们代表着员工最有效的工作行为或潜能发挥的最佳领域，当员工的胜任能力大于等于这三个因素的交集时，他们才有可能胜任该岗位的工作。

第三，基于胜任力的员工选拔。它是以胜任特征为基础的员工选拔方法，传统的人员选拔方法，通常看重的是员工的知识、技能等外在特征，而没有去考量那些内在的特质、态度等深层次因素。这种评判方式难免偏颇和出现误差，只有同时去考量那些深层次的胜任特质，才能挑选到最胜任的员工。

第四，基于胜任力的员工培训。基于胜任力的员工培训也是和传统的员工培训有很大差异的，因为，它的一个突出特征是要根据员工的个体胜任特征，来针锋相对地安排其培训方案。基于胜任力的培训，可以通过培训更具个性化和针对性的培训，促进人岗相匹配。它还可以从个体的胜任力出发，制定出更符合个体职业生涯发展的培训计划，这就意味着，当我们发现某些员工的个体胜任特征与其职务胜任特征不相匹配时，就可以通过符合其个体胜任特征的在职培训，促进其职业生涯的发展。

第五，基于胜任力的绩效考核。首先，要找出区分优秀员工和普通员工的因素，也即是职务分析第一步所确定的胜任特征；然后，在此基础上去确立绩效考核指标，这样，才能真正体现出绩效考核的精髓，才能真实地反映员工的综合工作表现，管理者在胜任力的视角对员工进行绩效评估时，应从目标的完成、绩效的改进和能力的提高等三方面同时推进。

·系统制胜：让团队实现"1+1>2"

2004 年 6 月，湖人队即将和东部活塞队在年度总决赛中相遇。赛前，几乎所有人都不看好活塞队，因为这是它 14 年来首次闯入 NBA 决赛，球队中没有叫得出名的大牌球星，开始甚至很少有人相信它能打到第七场。

相反，湖人队则拥有一支超级强大的明星阵容，拥有科比、奥尼尔、马龙、佩顿等超级巨星，每一名队员几乎都是全联盟中最优秀的，这支球队还有一个传奇教练菲尔·杰克逊。有人甚至认为这是近 20 年来 NBA 历史上阵容最豪华的一支球队，所以，这次比赛的结果在人们看来也是没有任何悬念的。

然而，比赛的结果出乎意料，不被看好的活塞队竟然爆了一个大大的冷门，他们竟然轻松击败了湖人队，取得了总决赛的冠军。

如果仔细分析这场比赛的话，可以看出活塞队并不是侥幸取胜的。湖人队的失败看上去也有其必然性，科比、奥尼尔这两个超级巨星都认为自己才是球队的头牌，是球队的领袖，因而在比赛中争风吃醋，并没有全力配合；马龙和佩顿的目的好像只有一个，那就是得到总冠军戒指，因而也无法融入整个球队系统，进而也就无法发挥出他们各自应有的力量，这样一支由明星组成的球队在赛场上却无异于一盘散沙，其战斗力当然也会大打折扣。

拥有大批明星员工的湖人队，从表面上看不可谓不强大，然而他们却在赛场上输给了看似弱小很多的活塞队。这种情况下，湖人队这个团队就没有发挥出"1+1>2"的效果，甚至可以说是"1+1<2"，其原因在于明星员工的冲突和内耗，根本原因在于团队合作系统的缺失，同梅西所在的阿根廷国家队犯了一样的错。

团队领导都期望自己的团队成员在团队内部能够力量正向叠加，而不是相互抵消递减，都希望团队能够发挥出"1+1>2"的效果，但这只是一种美好的愿望，在现实中未必会出现。

因为人与人的合作，不是人员的简单叠加，关键在于团队成员之间的充分配合，要有能让团队成员"力往一处用，劲往一处使"团队合作机制与合作氛围，这样才能充分发挥团队的潜能与聪明才干，发挥出"1+1>2"的团队战斗力，我认为这种机制与氛围至少包括以下几个要素。

1. 人心齐

"人心齐，泰山移"，这是一句老话，却蕴涵着现代管理的哲理。人心齐，泰山移，其背后蕴涵着的是集体的能量，团结的威力。一双筷子容易折，十双筷子折不断。靠的是什么？靠的就是团结，靠的就是集体的力量。

一个团队，如果不能做到"人心齐"，就只能是一盘散沙，难堪大任。

所谓"人心齐"，其实就是要有一个供全体团队成员共同追求的、有意义的目标。它能够为团队成员指引方向、提供原动力，让团队成员自觉为它贡献力量。共同目标一旦为团队所接受，那么无论在任何情况下，它都能起到指引方向的作用。共同目标可以说能够使个体提高绩效水平，使群体充满活力，促进团队成员之间的沟通，有助于把全部的精力都放在实现预期目标上，从而做到"泰山移"。

2. 内部和谐

和谐团队是什么？每个人对于和谐团队有着不同的理解，在笔者看来，它是指在团队内部成员与成员、成员与团队、团队与社会之间，利益相系、各得其所、和衷共济、协调发展，每一位成员都各尽其能、各得其所而又融合相处的团队。简单来说，也就是良性运行和协调发展的团队。

和谐团队最大的特征是人的和谐，它主要包括以下几个方面的内容：

第一，成员之间要和谐。指团队内部和谐的人际关系。人际关系按公私划分，可分为工作关系和私人关系。成员在具体工作中要认真加以区分，谨防将私人关系带入工作关系中，影响处理工作关系的公正性和合理性，同时要防止因长期工作关系的习惯，缺乏感情色彩而使私人关系中断。

第二，制度的和谐。也就是在团队内部建立一套完整的、人性化、和谐的规章制度，来约束规范成员的行为，达到协调与顺畅效果。

第三，团队精神认同上的和谐。是指在团队精神的指引下，内部成员之间、成员与社会之间的关系达到一定程度的协调、统一，呈现诚信友爱、充满活力、安定有序。

3. 向心力

在一个团队中，员工难免会有不同的兴趣、爱好与价值准则，这也正是你的团队能如此富有活力、充满生气的原因所在。有人也将团队比喻成一个大熔炉，从四面八方加入其中的员工，不仅带来开展工作所必需的技术知识与人力，也带来各种的处事内容、办事态度与行动原则，他们使你的团队在融百家之长的同时，也出现了水与油不相融的现象。

当一个员工进入了团队之后，你就应该让他深切地体会到，有一种无形的力量在指导着每一个人走向一个共同的目标；并且要在以后的工作中不断地宣扬它、贯彻它，并身体力行地将它在你的工作表现中适时地展示给大家看，因为员工们往往更相信自己的眼睛。这种力量，就是团队向心力。

要培养下属的向心力，管理者要做的工作有很多，具体有以下几方面；

第一，团队决策者是一个团队的核心，是增强团队的向心力最主要的因素。必须树立开明、敬业、宽容的健康形象；

第二，要制定一套合理的奖罚制度、升降职程序，并切实落实；

第三，以身作则，起好带头作用；

第四，保障员工的正当权益，真正关心普通员工的工作和生活；

第五，开展形式多样的文艺活动，构建积极向上的团队文化。

4. 平等化

团队凝聚力要建立在平等的基础之上。试想一个团队中每个人都试图利用操纵、控制他人来实现工作的目的与绩效的取得，即便这种操纵是相当隐秘的，那么团队的人际氛围也必将是不和谐的。

最容易产生控制、操纵他人心理的，正是作为团队管理者的你，因为管理者所具备的得天独厚的条件会使其很容易拿起权力的大棒向员工指指点点。你也许会觉得这是你的职责所在，向员工委派任务、下达指示、传达命令是你天经地义的分内之事。但无形中，你已被一种思想误区操纵着，它同样会在无形中影响着你和团队成员的人际关系，进而会影响到团队的正常融合。

你要知道，没有人会愿意在一种命令的口吻下被驱使着工作的。不论什么场合，把别人唤来唤去都会让人感到特别的不舒服，所以，对于一些诸如"命令"、"指示"、"传达"、"下达"之类的词语，是时候该在你的管理词句里消失了。

在你的团队里平等与协作是每一个人应该抱有的最基本的信念。在这里，没有人是特殊的，即便你的职位会多少让下属感到敬畏，但你对团队平等意识的塑造会扭转别人对你的这种传统看法，而且会深深影响别人对平等协作含义的更进一步认识。

5. 凝聚力

一个聪明的团队领导要使他的员工具有对团队的凝聚力，可以依照下列方法去做：

第一，让员工认同团队

不论在会议的场合或下达命令的时刻，要在谈话中强调"我们"、"我们这个部门"或者"我们这个团体"，这样，才会使员工同领导站在同一阵线上，为团体的目标共同努力。而不应一味地去讲"你如何……"或"我怎样……"，这样会抹杀团队意识，导致员工对团队工作的漫不经心。

第二，强调团体工作的重要性

管理者应该以身作则，时时刻刻去关注团队是否能够达到目标，而不必担心谁出风头谁居功的问题，如此一来，团队成员将会全力以赴。

第三，适当对优秀员工的行为给予认可、褒奖

管理者必须小心翼翼地揣摩员工的心理，观察员工的表现，随时给予协助、认可、鼓励与赞扬，明确地向员工说明他们对团体的重要性。如果有哪一位员工有赞美同仁的合作表现，那么也应该褒奖这一位员工的建设性行为。久而久之，这个工作团体的气氛就会显得和谐而融洽。

第四，心理上与员工保持亲近

要采用参与态度与员工保持联系，适度参与员工的团体，了解他们的感受与想法，同时也必须保持一定的距离，否则过度的深入参与会带来彼此的过于熟稔，从而招致员工的轻视。

另外，与员工共同体验也可产生伙伴意识，共同体验、共担劳苦，更可增进密不可分的融合关系。

·改变团队系统的上策、中策、下策

改变团队系统有三种策略：

下策是直接下命令，强压式改变，令出必行、令到禁止；中策是间接刺激，通过施加压力、激发动力的方式进行；上策是寻求并达成团队共识，在共识的基础上，将所有力量团结起来去完成团队任务。

寻求团队共识又有三种策略：

1. 换位思考

立场不同、所处环境不同的人，是很难了解对方的真实感受的。还是那句话"好多事情没有对错，只是立场不同"，如果能换一个角度，站到对方的立场，去做换位思考，也许就能更好地体谅对方，包容对方，进而

就能够达成共识，消除分歧。

团队中的很多矛盾，其实都是由于矛盾双方不善换位思考引起的。换位思考的根本在于，要站在对方的立场、角度去看待问题，进行"人"与"我"的互换互想，那么，许多是非便都能迎刃而解。

进行换位思考，有三个关键之处：

第一，前提是换位

换位思考的前提是换位，做换位思考，首先要站到对方的位置上，并且要做到彻底换位，不可"身在曹营心在汉"，否则，换位思考就难以收到预期的效果。

第二，目的是思考

换位不是目的，目的是去从对方的角度去思考，这是一种完全颠覆自己思维和判断的思考方式，切记不要"有换位之名而无思考之实"，那最后只能是"竹篮打水一场空"。

第三，本质是理解

换位思考的本质，就是设身处地为他人着想，即想人所想，做到真正的理解对方，体会对方的真实需求，从而形成一致意见，达成共识。

就个体而言，换一个角度思考问题，往往能够带来新鲜的感觉，带来另一种分析结果，甚至改变自己的思维和判断，让工作、生活变得简洁充实，充满活力。

对于管理者，要应对各种危机，需要做的是寻求出路，思路决定出路，换位思考是保证正确思路的"矫正器"。

对一个优秀高效的团队，更少不了换位思考，换位思考是团队合作、同心发展、寻求共识的"融合剂"。

2. 同理心

所谓同理心就是站在对方立场思考的一种方式，它是 EQ 理论的专有名词，是在不同场合和不同对象进行接触沟通时，能做到正确了解他人的感受和情绪，进而做到相互理解、关怀和情感上的融洽。

简单来说，同理心就是将心比心。面对同样的时间、地点、事件，而将当事人换成自己，也就是设身处地去感受、去体谅他人。

立场不同、所处环境不同的人，是很难了解对方的真实感受的。很多事情没有对错，只是立场不同，如果能换一个角度，站到对方的立场，也许就能更好地体谅对方，包容对方，进而才能进行更有效的沟通，从而达成共识。

一个具备同理心的管理者，应该意识到：

第一，我怎么对待别人，别人就怎么对待我；

第二，想他人理解我，就要首先理解他人。将心比心，才会被人理解；

第三，别人眼中的自己，才是最真实的自己。因此要学会以别人的角度看问题，并据此改进自己在他们眼中的形象；

第四，可以去修正自己，不要试图去修正别人。想融洽地与人相处并沟通到位，唯有先改变自己；

第五，真诚坦白的人，才是值得信任的人；

第六，真情流露的人，才能得到真情回报。

要想让同理心在沟通中发挥积极效应，在沟通中应做到以下几点：

第一，克服自我中心意识，不要总是从自己的立场出发；

第二，克服自以为是的坏毛病，不要总幻想在沟通中占主导地位；

第三，学会尊重对方。不要动辄打断对方的谈话，要让对方把话说完；

第四，冲动是魔鬼，不要冲动。要仔细地听对方说些什么，不要把精力放在思考怎样反驳对方所说的某一个具体的小的观点上；

第五，消除对人的固有偏见或成见，因为它们很容易影响你的沟通立场；

第六，专注一些。不要使你的思维跳跃得比说话者还快，不要试图理解对方还没有说出来的意思；

第七，留意一些细节。对细节的关注，不仅能够捕捉到重要的潜在信息，而且这在对方看来本身都是对他们尊重的一种体现。

3. 察觉力

感受他人的感受并形成共识，需要具有较强的察觉力，它同样表现在两个方面。

第一，必须要对自我情绪、情感模式进行深入的觉察。

其范畴包括外审和内省两个角度。所谓外审，就是从外界赋予的头衔、职位、权力上来审视自己，要完成这个过程，管理者要回答下列问题：

（1）我是谁？

（2）在我所处的位置上，人们希望我做些什么？

（3）我的职责、职能角色是什么？

（4）我的职责要求我具有什么样的品德和伦理道德？

（5）我具有什么样的个性特质？

（6）以前的生活经历对我的心智模式、行为模式产生了怎样的影响？

（7）对待生活，自己是属于"反应式"还是"回应式"的？

内省则在对以上问题进行分析整合后的自我认知：

（1）我内在的一切是否与外在的一切相符合？

（2）我内在的自己是否喜欢目前自己所担任的角色？

（3）我是否可以清楚地区分出哪部分外在的自己是内在的自己所喜欢的？哪部分是不喜欢、不接受的？

（4）我如何对此进行调整？调整计划又是怎样的？

第二，觉察力的另一个层面是对其他人情绪、情感的敏感度。

想要真正知道他人的心理，这首先要求团队成员持有开放的态度。开放态度背后的关键在于强烈的好奇心：即是否对他人行为背后的态度、信仰、经历保持敏锐的好奇，并愿意以开放的姿态与他人一起进行深入的探讨，在各种可能性之间共同寻求一个多赢的最大化值。众所周知，团队中最大的成本往往就是沟通成本，误会的存在大多是因为彼此认知间的巨大鸿沟。

唯有放下偏见，保持高度好奇心和开放的觉察态度，才能真正洞察到其他人的情绪、情感所在的位置，消除歧见，达成上下共鸣，上下同欲。

通过以上策略，目的是形成"团队三共"：共识，共鸣，共振。这"三共"是有先后顺序的，首先是取得"共识"，然后产生"共鸣"，最后才能形成"共振"。

在这个新的共识上，把所有力量团结起来去做一件事。

系统制胜：团队是一个系统

◎杜绝人员浪费，做好人岗匹配。

一流的团队系统，是紧凑的，要杜绝人员上的浪费和臃肿。在团队内部，管理者应该着力营造一种"人事相宜，人岗匹配"的用人机制，让合适的人做合适的事。

◎实现团队成员之间在专业、资源、能力或技术上的互补。

从团队系统的角度衡量，建立优势互补、专业能力完美搭配的"异质性"团队是保持团队稳定和高绩效的关键。

◎基于胜任力，进行团队成员管理。

顶尖的团队系统，对其成员的期望，早已不再是仅仅能够完成任务，完成职责范围内的分内事，而是完美地胜任团队和岗位上的工作要求。

◎系统制胜，可让团队实现"1+1>2"的战斗力。

团队合作，不是人员的简单叠加，关键在于团队成员之间的充分配合，以及让团队成员"力往一处用，劲往一处使"的团队合作机制与合作氛围，这样才能充分发挥团队的潜能与聪明才干。

◎达成共识，形成系统。

改变团队系统有三种策略：下策是直接下命令，强压式改变，令出必行、令到禁止；中策是间接刺激，通过施加压力、激发动力的方式进行；上策是寻求并达成团队共识，在共识的基础上，将所有力量团结起来去完成团队任务。

3.

团队的系统化与管理的标准化

·团队制胜不靠领导，靠原则、系统和制度

桥水公司创始人雷·达里奥在《原则》一书中谈了很多原则，其公司运营也如同书名一般，靠的是原则，靠的是系统，原则和系统背后的核心是制度支撑。

"没有规矩，不成方圆。"大到国家，小到各种企业团队，无不需要制度的约束。

人管人累死人，这个道理管理者都懂得。那怎样才能让自己成为一个高效从容的团队领导者呢？制度管理是较好的出路和办法。

在公众面前，万科董事长王石好像整天"不务正业"，置企业于不顾，经常在外登山、赛艇，游山玩水，生活过得好不自在，看上去似乎不是一个称职的老板。事实真的是如此吗？对此，王石曾表示："我给外界的错觉是因为个人能量非常大而成就了万科的今天，其实不是这样。我曾给万科带来了什么？首先，选择了一个行业；其次，建立了一个制度，就是现代企业制度；最后，培养了一个团队，这是我的作用。"

看来，不是王石"懒惰"，而是有一套完善的制度、一个高效的团队系统、一支执行团队在帮他打理整个企业，从这一点衡量，王石确实是一个高明的管理者。

那么，怎么才能设计出可以驱使团队自动执行的制度呢？

第一种情况，制度符合所有参与人员利益。

事实上，制度作为一种利益的博弈，会影响到团队参与各方的利益，影响各个参与方对利益的追求，而各方的这种利益追求，反过来就会驱动制度的自动执行。

举个例子：某公司制定的"超额销售提成制度"，受该制度影响的有总经理、销售经理、销售员工，销售人员超额完成销售任务，首先他们能

拿到超额提成，其上司销售经理也会拿到总体提成，而老板也会由于销售任务的超额完成而受益，因此这一制度就具有明显的自动执行特质。因为参与各方的利益追求是相同的，在推进制度的过程中，只会有人受益，而不至于利益受损，那么从中获益的这三个人群就都会去推动它的实施。反之，任何一方违背制度，都会导致所有人利益受损，为其他人所不容。

所有可供自动执行的制度，无不是将这一因素考虑进来，依托各个参与方的利益追求和利益博弈，来实现组织的自动执行、自动运转。

第二种，制度符合有话语权的参与者利益。

这种制度并不能满足所有参与方的利益，如"员工加班"制度，显然不符合员工利益，但在老板牵头，高管、中层赞成的情况下，普通员工就算有意见，也不敢提出，而是保持缄默。任何一方对这一制度执行不力，都会受到惩处，自然也会遵从。

可供自动执行的制度，具有"自我激励，自我管理，自我组织"的特征。

还有最关键的一点，不仅要在团队内逐步建立并完善"好人能够积极办好事，坏人不敢办坏事"这样一种良性机制，还应维护管理者的权威，维护制度的权威。在原则问题上不能有丝毫让步，只要下属敢于触犯制度的高压线，就要敢于举起惩罚的大棒。

管理学上有一个著名的"热炉法则"，它的基本意思是：当人用手去碰烧热的火炉时，就会受到"烫"的惩罚。这个"热炉"有以下四个特性：

图 3.1 热炉法则的四个特性

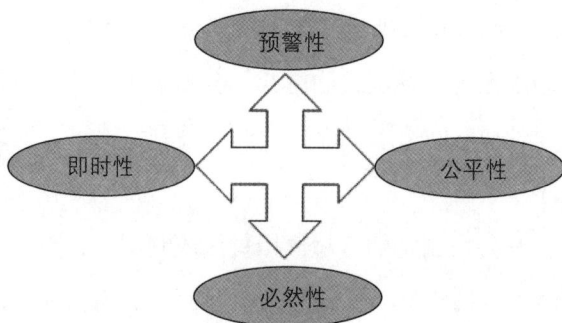

第一，预警性。炉子火红，不用手摸，一看就知道是热的，是会烫伤人的。作为管理者，你要据此对员工进行制度教育，以警告他们不要违反、抵触，否则会被"烫到"。

第二，即时性。当你要试着去摸火炉时，立即就会被烫伤，绝不会拖泥带水，不了了之。同样，对于违反制度的员工，也一定要让他们受到惩处。

第三，必然性。就是你每次碰到热炉，都必然会被烫伤，不会下不为例。而你对员工的惩处也必须在错误行为发生后立即进行，绝不拖泥带水，更不能有时间差，以便达到及时改正错误行为的目的。

第四，公平性。不管是谁碰到热炉，都会烫伤。这里强调的则是惩处的公平性，不管是谁违反了制度，都要被惩罚。

·团队系统的"管"与"理"

团队管理系统中的"管"和"理"，是各有所指的，国资委前主任李荣融曾举过这样一个交通的例子："交通主要是挖掘人、车、道路的潜力，来提高安全的流量。本来没有路，走的人多了就成了路，走的人挤了就要有人来理，如果人和车一起走就有安全问题，车多了就有红绿灯，它这个演变的过程正好说明了'管'跟'理'的过程。"

先看"管"，它的关键在于：

· 胸怀全局，而不只是关注自己的部门和谐；

· 要成为大家的榜样，以身作则，带个好头；

· 要和下属打成一片，善于发现别人的优点，能够容人；

· 要会用人，做到人尽其才；

· 要管理好问题员工，而不是一味的开除了事；

· 不要事无巨细，要学会授权和控制，让下属承担起责任；

· 要善于激励，掌握表扬和批评的艺术；

· 要主动承担起领导责任，而不是出了问题就去责难下属；

· 要以结果为导向，让业绩说话。

再看"理"，"理"，就是梳理，就是根据现有管理情况，总结经验，总结教训，就是想办法从根本上改变一件事情，也就是出台新制度，来规避同样的错误，避免教训重演。"理"就是重新定规则，从规则的角度彻底消灭问题。"管"的着力点在于改变人，改变人的态度，改变人的能力，"理"的着力点在于改变事，改变流程，改变不合理的做法。

管理者的权限越大，管理的团队越大，管理的人数越多，就越是要学会"理"，学会建立规则和调整规则。而这些要"理"的事情分别是：

· 确定要做的事情和目标；

· 确定组织架构，分而治之；

· 确定具体的岗位；

· 确定绩效和激励机制；

· 确定制度，用制度而不是靠经理的魅力管理；

· 确定流程，用流程而不是靠惩罚来确保做事的质量。

对于管理中的梳理，原国资委主任李荣融也有着类似的见解：

管理的理我理解为梳理，要把它理顺、理清楚，最后出规章、出制度、出办法、出理论，如果人的大量精力花在管上面，你一定把很多时间荒废掉了，你真正理是理得很少的，你不可能会提高。

在我们企业当中这样的事情也很多，包括我们政府的管理也有很多这样的事情。就像我们十字路口红绿灯一样，原来没有左拐弯灯，车一拥挤有的人闯了一个黄灯过去了，但是左拐弯拐了以后前面堵住了，另外一个方向绿灯开了也过不去，就搅麻花搅在一起了，没办法，找交警，交警把它疏通解决了，你不能因为交警把它疏通了，反而提出来红绿灯不用了，就交警站在这里吧，这是本末倒置。

"所以我工作一般一个月就要把这个月的时间捋一遍的，目的是什么？你时间要用在自己工作上，不要被别人用掉了。像我这样的领导，很多会议都会邀请我,但我是有规矩的,包括各省市的活动,什么是主任参加、什么是局长参加、什么是处长参加,你都参加来得及吗?时间都被他用掉了,你能做好自己的事吗?如果我那样做的话,绝对不会有今天的。"

再进一步讲,团队管理系统就是管人和理事。

管人,主要包括两方面的内容:一是管好自己,提升自己的胜任能力和修为。己所不欲,勿施于人。领导管人首先要管好自己,自己称职了,首先做到了才能服众。无论何种类型的管理者,都要有一个共同的权威性,就是能够"服众"。有修养、有魄力、有权威的领导,才能令下属心服口服。那些懂得尊重下属、理解下属、善于培养下属自我管理能力的领导,才能得到下属的衷心拥护;二是要掌握相应的管理方法和技能,那些优秀的领导者都要有自己独特的一套"管人"经验。管人要会识别人才、知人善任;用人不可求全责备,要发挥下属的强项,做到适度放权,自然能调动下属的积极性。

理事,则是建立在管人基础上的,只要先将人管好了,事情也自然能得到很好的处理。因为,管理,其实就是通过管人达到理事的目的。管理的关键在于人,只有把人管好了,事情自然也就随之理顺了。通过"管人",能够更好地达到"理事"的目的,因为"事"是可以通过把人"管好"之后而达到的一种目的,而实现的一种结果。既然管理的重点在"人",那么"人"和组织团队内部的其他生产要素如机器设备、厂房、原材料等有什么不同呢?很明显,它们之间最大的不同在于:人是有思想情感和独立人格的!

所以要管好人,必须要处理好人的情感,我们看到,很多企业,不论国企还是私企,都非常强调"人本管理",管理要"人性化"、要"以人为本"……

需要知道,一个领导者的价值,是从其员工身上体现出来的。只有员工的能力得到了施展,员工发展了,团队才会发展,领导才会发展,进而企业组织才能向前发展。

·团队系统的平衡问题

一流的团队系统一定是稳定的、平衡的。

对于团队管理中的平衡问题，盖洛普公司曾做过一项调查，结果显示：员工绩效不佳或忠诚度不够背后的很大原因都在于其直接管理者管理行为的"不公平"。然而遗憾的是，管理实践中我们往往滥用或是误用"公平"，滥用平衡术。

公平只是管理平衡术的一个表现，合理利用，会收到事半功倍的效果，运用不当，只会事倍功半。

顺治临终前任命了四位顾命大臣：索尼、鳌拜、遏必隆、苏克萨哈，目的就是为了制衡，尽管首辅索尼年迈体衰，没有精力和鳌拜斗争，晚年借病退出政坛，但只要索尼有生一天，鳌拜就不敢放肆，直到索尼去世之后，平衡被打破，鳌拜才开始挑战皇帝权威。究其原因，就在于索尼一死，打破了顾命大臣之间的平衡。

不论是平衡还是妥协，都不是毫无原则的，我们在管理团队过程中需要掌握这种平衡术。

1. 管理中的"方"与"圆"

"方"是指人格独立、正直的灵魂，是人的立世之本。在"方"的问题上，管理者真正达到"方"的有理，要胸怀大义，在原则问题上，不左右逢源，随波逐流；面对错误行为、不良倾向，要敢于挺身而出，做一个正直的人。

"圆"不是圆滑，不是世故，而是一种高超的处世艺术。"圆"要做到张弛有度，把握好分寸；"圆"倡导的是一种豁达、大度、宽厚、善解人意的意境。管理者在工作中，要善于控制自己的情感，掌握好自己的意志，以开阔的心胸处事。把"方圆"作为管理工作甚至是人生修养的一个标尺，通过"方"与"圆"的有机结合构建和谐的人际关系和理想的管理状态。

2. 正副职关系要协调好

现代团队内部还有一层重要的关系，那就是正职和副职之间的关系。恰当处理好团队内部的正副职关系，是团队能协调高效运行的关键所在。

第一，要尽可能地去全面了解副手，这是协调人际关系的基础。

对副手的思想、能力、品德、专长、爱好、性格、家庭、经历等各方面的情况都应该去熟悉。这样才能做到在问题发生、矛盾出现的时候，做出准确而及时的判断。

第二，引导副手们树立团队整体观念。

在与副手共同工作时，要提醒副手们树立全局观念和团队观念。团队内各要素之间，各成员之间，关系错综复杂，是相互关联、相互牵制的，因此，只有从团队的整体利益去考虑，才能让团队发挥出最大的工作成效。

第三，支持副手的工作，不在背后说三道四。

每个人的工作风格都是不同的，也难免会存在各种缺点，你不应在背后谈论副职的缺点，而且还要阻止其他下属对他们说三道四。在下属面前，多肯定副手的长处，并对他们的工作给予大力支持。

第四，及时与副手交流思想。

团队正副职可以说是整个团队的核心成员，因此在平时应注意多进行思想交流，以在总体工作方向上保持一致，避免出现较大的分歧与矛盾。而且，经常进行思想交流，也能增进彼此间的了解，加深双方之间的感情，这对一个团队的和谐与稳定是非常重要的。

3. 如何平衡人情与制度

如果把人情比作人的一条腿，那么，制度就是另一条腿；把感情比作车的一面轮子，制度就是另一面的轮子，车离开了哪一面都不行，腿离开了哪一条都会瘸。

别让制度伤了人情，也别让人情坏了制度。制度伤了人情，人性和主观能动性就会丧失；人情伤了制度，一团和气中，团队系统的可持续性就成了问题。

管理者必须要平衡好人情和制度。之所以是平衡而非摒弃，是因为人情管理和制度管理从本质上说并无优劣，全因团队管理的具体情况而定。这就需要先明确标准，标准是目的，是分界线。

不管团队实行的人情管理还是制度管理，目的都是为了调动员工积极性，开发员工潜力。当人情过了头，员工就会出现懈怠，工作不积极，潜力激发不出时，通常良好的奖惩管理就能在平衡中起到有效的作用；同样，当制度苛刻，员工的情绪就会变得消沉，在这种情况下，只有人情，才能使起在平衡中重拾信心，进取努力。在这一过程中，正视人性才是重要的。

·像运算程序一样决策

决策，包含三层含义：

第一层：决策是一种执行选择的行为；

第二层：决策是针对达成一个目的而做的有意义的选择；

第三层：决策是评定一些因素的喜好态度、优势程式而做的选择。

从这几个层面的意义上衡量的话，严格来说，生活中每一个人都是决策者。只是由于做出决策的个体、情景的不同等原因，其影响力也不同。如，家庭中的一个常见对答：

妻子问："今天晚上吃什么？"

丈夫回答说："随便，什么都行。"

在这里，丈夫做出回答的场合是在家庭中，比较随意，对于结果也不是很在乎，所以就做出了这样一个随意的决策。

但对于企业团队来说，决策的意义就不同了，团队内的任何活动都是有目的的，也就是说每一个活动都要有它的附加价值。因此，你在做出一个决策时都要有目标与达成目标的渴望，这种情况下的决策就应该是严肃的，而不能以随意的态度去对待。这时的决策就是对团队内外资源配置方式的一种选择，它寻求的目的是为了最大限度地推动团队向渴望的目标靠近。

英特尔的 CEO 葛洛夫曾这样说过："我们并不特别聪明，只不过在激烈的竞争中，比对手做出更多正确的决策。"

团队决策是一项需要慎之又慎的工作，恰当的决策为团队带来跨越式成长，反之则可能带来毁灭性的灾难。

科学合理的决策要如同运算程序一般，有着严格的流程和方法。

为了确保决策的及时、准确，首先要把握好以下五个要点：

第一，要了解问题的性质，如果问题是经常性的，那就只能通过一项建立规则或原则的决策才能解决。

第二，要确实找出解决问题时必须满足的界限。换言之，应找出问题的边界条件。

第三，仔细思考解决问题的正确方案是什么，以及这些方案必须满足哪些条件，然后再考虑必要的妥协，适应及让步事项，以期该决策能够被接受。

第四，决策方案要同时兼顾执行措施，让决策变成可以被贯彻的行动。

第五，在执行的过程中重视反馈，以印证决策的正确性及有效性。

尽管我们说决策更多是一项艺术，而非科学，但我们仍然可以从大量的管理决策中提取一些共性的流程型的东西，就如下面的这个决策的"六步骤"框架。

步骤	描述
第一步：将问题分类。	第一类是普遍性问题，管理者在工作中遇到的问题多数可以归入此类。这些问题常常通过诸多的表面事件表现出来。对于此类问题，管理者要制定规则，然后可根据实际情况来调整规则，从而实现从根本上解决问题的目的； 第二类问题是从未遇到过的问题，如管理过程中出现的各种危机等，这就要借助别人的经验来解决； 第三类是真正独一无二的问题，这类问题必须个别处理。但是这类问题少之又少； 第四类问题是隐藏着新的普遍情况，这类问题需要建立新的规则来解决，千万不要把它们当成没有普遍性的意外事件。
第二步：界定问题。	也就是要搞清楚究竟发生了什么问题，哪些因素与此问题相关。当然，要想正确而全面地定义问题，一个行之有效办法就是：对照观察到的所有情况，不断对已有的定义进行检验，一旦发现该定义未能涵盖全部情况，就立即将它摒弃。
第三步：确定问题的限定条件。	要明确列出决策所要实现的目标。这一步最容易犯的错误是设定了几个本身就相互矛盾的目标，如果是这样，那么这种决策也就失去了理性。另外，决策还应根据后续条件的变化而进行调整，一旦现实情况发生大的变化，就应该马上寻找新的办法。
第四步：判断出正确决策。	从现有方案中，先判断出正确的决策，然后再采取折中的办法，让大家接受决策。
第五步：制定决策时要考虑好行动计划。	决策只是一种美好的愿望，还有待去落实。因此，管理者还要确保任务和责任已经明确地落实到具体的人，另外，还要确保任务执行者能够胜任工作。如有必要，还必须调整对执行者的考核方法、任务完成的衡量标准以及激励机制。
第六步：根据执行情况来检验决策的效果。	决策者需要报告和数据等系统化的反馈信息。但是，信息总是抽象的，并不能准确反映具体现实。因此，他们的反馈信息若不以亲眼所见的实际情况为核心，他们若不经常走出去看看，就容易落入教条主义的桎梏中。

· 自组织团队的群策群力

在传统概念里，团队的"决策"和"执行"是由不同的角色担当的，团队领导只负责做决策，大部分情况下下，团队普通员工在决策出台之前是毫不知情的，他们的任务只是执行决策，在这种传统决策框架里，"决策"与"执行"之间必然会错位，会导致很多问题。

且在管理实践中，有很多团队的重大决策通常都有几个甚至一个高管把持，这种决策方式的风险是相当大的。因为，决策者个人所掌握的信息往往是有限的，会存在很多思维或认识上的盲区，这种盲区有时会给决策留下致命的隐患。

而对于去中心化的现代团队和自组织团队而言，更应避免决策上的一言堂，需要引入团队群策群力，正如任正非所言，"应该让听得见炮声的人来决策"。

团队群体决策尽管效果明显，但也并不是所有情况都适用群策群力。这里，我先来谈一下团队群策群力的适用性问题。

相对于群体决策，个人决策也有很大的优势，它的特点是决策迅速、责任明确，而且能够发挥领导者个人的主观能动性。但同时它也有很大缺陷，即个人决策受领导个人自身的性格、学识、能力、经验等制约，容易出现决策失误。

团队决策的优点是可能会得到更完整的信息，产生更多的备选方案，屏蔽掉更多的决策漏洞和风险，增加某个解决方案的合理性。

团队决策也存在缺点：不容易达成一致，决策效率较低，没有具体人对决策风险负责等。

团队管理者每天工作中，可能都会面临这个选择，到底是请直接上级个人做决策，还是采用提请会议做决策？

如果你想提高决策速度，个人决策是首选。

如果你想提高方案的完善性和创新性，团队决策是个好方式。

如果你想让这个方案在决策之后能够得到更多人的支持和协作，那一定要选择团队决策。

当然，在进行团队决策时，还需要判断与此项决策案最为密切的内部利益关联者，对这项方案有足够影响力的人是谁？对这个方案最有专业发言权的是谁？

如某公司采购部门要进行年度供应商筛选的决策工作，方案提交到公司总经理办公会议上做决策。采购经理深知，过去一年中最了解供应商提供产品情况的是公司的质检部门、生产制造部门、仓储部门和产品售后部门，因此，该决策会议除了请公司领导参加之外，还特别邀请了上述几个部门的负责人，他们到会之后，会根据经验和自己的视角，对公司供应商的选择给出合理化建议。

总的来说，团队做决策不同于个人做决策，因为要涉及团队的每一个成员，虽然俗话说人多力量大，但关键还要看是不是力往一块使。为了避免人多嘴杂，影响最终拍板的效率，团队在决策时应当考虑以下因素：

第一，设定好合适的最终拍板人。

团体决策看似简单，其实不然，它是由几个不同背景的人去讨论一件事，很多情况下都是大多数人具有决策权力却没有决策的相关背景知识。如，当讨论技术问题时，市场、人力和财务主管也有同样话语权的话，那结果将会不容乐观。因此，在每次决策讨论之前，一定要先设定一个最终的拍板人，也就是决策权归谁的问题，原则上应该让团队领导或知识背景与决策话题最接近的人做决策拍板人。

第二，团队成员间绝不相互埋怨。

团队做决策时，可能会不可避免地出现一些错误的决策。当出现决策失误时，团队成员之间切记不要做"事后诸葛亮"，更不可去埋怨挖苦责任人，因为这样做只会摧毁决策者的信心和信任，让结果更糟。这时候应该做的是以理解的心态正视错误并且尽一切可能来挽回失误。

第三，团队成员能力均衡。

团队成员之间的能力最好保持均衡。有擅长进行定性分析的，有擅长进行定量分析的；有擅长做整体分析的，有擅长做局部分析的；有擅长提出问题的，有擅长提出解决之道的；有擅长分析优点长处的，有擅长查缺补漏的；有擅长搞生产的，有擅长搞研发的，有擅长搞销售的，有擅长人力的；有擅长分析企业问题的，有擅长分析行业问题的；有擅长批评艺术的，有擅长表扬艺术的；有擅长降低成本的，有擅长提高绩效的。

第四，性格互补。

人的性格之间通常有三种关系：一是冲突关系，如一个人说东另一个人偏说西，一个人说正另一个人偏说反；二是类同关系，不论对方说什么，对方都绝对支持；三是互补关系，即一个人提出某个观点，另外一个人会从另外的角度进行补充，并提出自己的建议。

第一种关系，很难达成一致意见。第二种关系，容易产生共振，会导致错上加错。第三种关系，则可以取长补短、统筹兼顾。团队成员的性格最好是互补型的，这样做出的决策尽管可能会丧失大的机会，但决不会犯致命错误。

· 推进团队的职业化进程

一流的团队系统，必然伴随着团队的高度职业化。

所谓职业化就是工作状态的标准化、规范化、制度化，即在合适的时间、合适的地点用合适的方式说合适的话、做合适的事，使知识、技能、观念、思维、态度、心理等符合职业规范和标准，即一整套的团队规范化工作系统。

我们知道——

提到谷歌、苹果、微软，人们就会联想到美国；

提起索尼、松下、东芝，人们就会联想到日本；

提到奔驰、宝马、西门子，人们就会联想到德国；

提到欧莱雅、路易·威登，人们就会联想到法国；

提到阿玛尼、法拉利、兰博基尼，人们就会联想到意大利；

……

这些风行世界的知名企业和品牌，就是这些国家的代名词，是这些国家最强大的展示，也是他们在整个世界畅通无阻的通行证。

这些知名企业和品牌之所以能让人和其所代表的国家与国家精神联系起来，在于它们本身所蕴含的文化氛围与极度专业化。如果再将视角进一步缩小，你会发现成就这些企业和品牌的，无不是极其职业化的管理者、职业化的员工以及职业化的团队，正是在他们的掌舵及幕后努力之下，才有了那些企业和品牌的无限辉煌。

职业化，简单来说就是"专职化"或"专业化"，职业化的团队也就是"专职化"、"专业化"的团队（集体）。

职业化的基本特征		训练有素，行为规范； 用理性的态度对待工作； 细微之处能体现专业素养； 行为约束，意识超前； 个性的发展能够适应共性的要求； 在合适的时间合适的地点，用正确地方式方法做合适的事情； 实现了职业技能的标准化、规范化、制度化。
职业化的内涵	职业化的工作技能	也就是要有个做事的样子，每一个公司的部门或岗位都需要具备相应的能力； 列出这些能力应该拥有的知识和技巧； 记录每位员工的能力差距（缺口）； 准备相关的教材、课程、工具、最好用企业内部案例； 排定学习日程、量化学习效果、指定辅导人员。
	职业化的工作形象	即看起来要像那一行的人，这主要表现在： 衣着与谈吐的专业程度； 准备资料的完整与仔细程度； 解决问题的方法与效率； 回答疑难的肯定与明快程度； 提供信息的正确与及时程度； 协调能力与沟通技巧。

续表

职业化的内涵	职业化的工作态度	用心将工作做好、做到位； 同样的错误绝不犯两次，并能从失败中总结经验教训； 积极主动寻找问题的解决之道，并注意和其他人进行沟通凡； 做事干净利落，不留尾巴； 一直都在试图寻找更好、更快、更妥当的办法； 对可能发生的意外、困难或危机，有充分的思想准备； 敢于承认错误，懂得反省。
	职业化的工作道德	在日常生活工作中，每一位职业化员工都要有意识地去培养自己正确的思想观念、良好的心态、高尚的情操，从而塑造自己的职业美德和人格魅力； 以诚信的态度对待自己的工作； 严格自律，秉公办事； 严格遵守并维护公司的规章制度； 对公司机密守口如瓶； 永远忠诚于自己的组织； 克服自私心理，时刻不忘节约； 全力维护公司形象和品牌。

"职业化"称得上是国际化的职场行为准则，是所有工作团队及其成员必须遵循的一套游戏规则，是职业人士基本素质的一种体现，"职业化"还是一种对工作的无限热爱、对事业孜孜不倦地追求的敬业精神。

由职业化人士所构成的职业化团队，是现代企业组织成熟的一个重要标志，是一个管理者和企业成功的基石。职业化团队是一个复合名词，首先是职业化，这要求团队的每一个成员都要有职业化的素质；其次是团队，这要求个体能够正确组合，发挥出团队合作的优势，组成一个职业化的组织。

要打造一个职业化团队，需要从以下几个方面抓起：

1. 职业化的领导

要培养出职业化团队，关键在于管理者。某管理咨询机构曾经做过一份关于企业中领导者能力的调查，有86%的人认为企业领导人的职业素养需要提高。这表明，一个合格的团队管理者，要管理好自己的团队，首先自己先要具备较高的职业化素质。

作为具有较强职业素质的团队管理者，除了带领员工完成组织部署的绩效目标外，还应该是一个教练员、培训员和顾问。只有这样才能够使团队中的每一个成员都能最大限度地发挥自己的潜能，在实现组织目标的同时实现员工的个人职业理想。其次是要通过培训和辅导不断提升员工的核心竞争能力，使团队有能力应付来自市场的各种挑战。

一个职业化的团队领导者，还应明白自己的职责重点所在，要养成对事不对人的态度和管人不管事的职业能力。如果一个领导一天到晚天天在管事的话，那么，他的团队就没法成长，也没法让自己变得更加职业化。因为，不管一个人有多厉害的分身术或多强的精力，也不可能管所有的事。

2. 职业化的员工

要建立一支训练有素的职业化队伍，首先要让员工树立正确的职业理念，告诉员工什么是正确的，什么是错误的，什么是团队支持的，什么是团队反对的。也就是通过培训和宣传不断强化员工对职业化的正确认识和理解。

华为公司在新员工加盟后，首先要把他们送到深圳总部参加军事化的职业培训，给员工"洗脑"。华为会给刚进入公司的每个员工发这样一封信：

"公司要求每一个员工，要热爱自己的祖国，热爱我们这个多灾多难、刚刚开始振兴的民族。只有背负着民族的希望，才能进行艰苦的搏击而无怨无悔。我们总有一天，会在世界通信的舞台上，占据一席之地。任何时候、任何地点都不要做对不起祖国、对不起民族的事情。要模范遵守国家法规和社会公德，要严格遵守公司的各项制度与管理规范。对不合理的制度，只有修改以后才可以不遵守。任何人不能超越法律与制度，不贪污、不盗窃、不腐化。严于律己。我们崇尚雷锋、焦裕禄精神，并在公司的价值评价及价值分配体系中体现；决不让雷锋们、焦裕禄们吃亏，奉献者定当得到合理的回报。在华为，一丝不苟地做好本职工作就是奉献，就是英雄行为，就是雷锋精神。"

职业化团队对每个成员都提出了更高的要求，具体到自己的团队成员身上，可从以下几个方面去衡量：

第一，工作态度是否积极。积极的工作态度是指在任何情况下，都能够保持一种积极向上的心态，不畏困难，并且认为任何问题都是有办法解决的。一个具备积极工作态度的人，才有可能不断地取得工作成果。

第二，是否具备专业能力。一定的专业能力是完成所有工作的基础，这对于需要培养职业化工作习惯的人来说显得更加重要。

第三，是否善于进行工作计划和总结。员工懂得进行计划，意味着他们的目标清晰、步骤明确。有计划地进行工作表现为一个人在日常工作中总是能够主动地做好每个月、每周甚至是每天的工作计划，并且在计划中明确了什么是重点的工作而什么是非重点的工作。另外，在阶段性的工作完成后，还要能够主动地对过去的工作进行回顾，看看自己的结果与计划相比较有什么出入，通过该阶段的工作，自己有什么收获和心得体会。

第四，是否具备充分的沟通能力。沟通的目的是让别人了解自己的工作，也让自己了解别人的工作。如果一个人在沟通上存有障碍，那他的职业化印象就会大打折扣。

第五，是否注重细节。细节本身其实意味着一种规范。能够注重细节，代表着一个人具备良好的修养，这样的人往往能够很规范地开展工作。

·团队系统的关键在于流程

前文讲过管理就是管人和理事。如何管人和理事呢？我们主张"用制度管人，用流程管事"，换句话说，所谓管理，就是在制度的约束下，按照一定的流程去做事，去执行。

流程，在《现代汉语词典》中被解释为"工业品生产中，从原料到制成成品各项工作安排的程序"。而管理学中的流程，指的是企业内各种正式或非正式的、约定俗成的做事方法。企业通过一系列活动创造价值，流程就是进行这些活动的方式。流程不同，做法不同，结果也不一样，当这些过程形成一套制度后，组织的良好执行能力和绩效便就此产生了。

流程，简而言之就是做事的先后顺序及步骤，第一步怎么做，第二步怎么做，清晰可操作，能够保证执行的顺畅进行。

按规范的流程进行执行看似烦琐，实际上却保证了工作质量。多做一个动作，多找一个领导签字，这些看似多余的行为，在很多时候，甚至影响着工作的安危。

2009年4月10日上午，在太原火车西站派出所附近一家汽车维修铺内，一位工人在修理汽车时，由于违规操作导致油箱爆炸，造成了一死一伤的惨剧。

后来调查发现，那位工人仅仅少做了一个动作：当时，他正在给卡车焊接油箱。按照正确的操作流程，油箱在放完汽油后，应在对油箱不停抽气的同时，对油箱进行焊接。虽然他将抽气管放进油箱，却没有打开气泵，在没对油箱进行抽气的情况下贸然进行焊接。结果，因为油箱内残余的汽油挥发，在焊接时遇到高温，就发生了爆炸。

多做一个动作会挽救一个生命，你会不会做？相信所有的人都会选择"做"。很多人不是意识不到按流程执行的重要性，只不过侥幸心理在很多时候占了上风，让他们认为意外不会发生在自己的身上。

当然，不按流程去操作不至于时刻都有危险，但它至少会让工作变得有迹可循，让执行走向规范化，让管理走向正规化，否则，企业管理就会陷于混乱状态，难以控制。

图 3.1 流程管理五要素

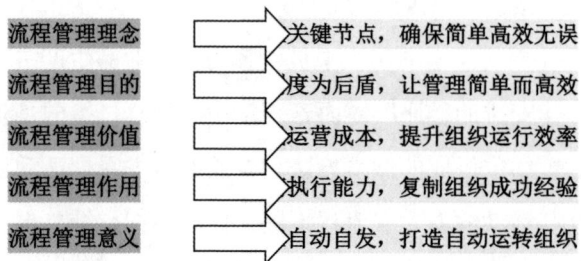

流程管理理念	关键节点，确保简单高效无误
流程管理目的	度为后盾，让管理简单而高效
流程管理价值	运营成本，提升组织运行效率
流程管理作用	执行能力，复制组织成功经验
流程管理意义	自动自发，打造自动运转组织

一位从事体育科研的专家曾这样谈过我国运动员屡夺金牌的方法："他们对成功运动员的动作录像进行计算机分析，将连续复杂的动作分解为简单的步骤。研究整理出简明的可参照度量的训练流程，然后指导运动员按照流程训练，结果成绩提高很快。"

世界领先的全球管理咨询公司麦肯锡的一位顾问透露说："你所要做的事，以前已经有人做过了，把这个人找出来。如果我们能把他的成功经验流程化，然后按照流程执行，就一定可以提高绩效。"

这就是为什么越是卓越的组织和团队，越是追求管理的流程化和标准化，因为他们从中发现了管理的决窍。

表 3.1 组织核心和流程核心的区别

以组织为核心	以流程为核心
员工是产生问题的原因	流程是产生问题的原因
员工	人员
做自己的事情	帮助把事情做好
了解自己的工作	了解自己的工作是如何与整个流程相协调的
考核个人	考核流程
改变人员	改变流程
总能找到更好的员工	总能改进流程
激励员工	清楚障碍
控制员工	开发人员
不相信任何人	我们都是在一起的
谁产生了错误	是什么导致了错误的产生
纠正错误	减少差异
利润驱动	顾客驱动

流程会贯穿团队运营的始终，团队领导应设法让团队每一件事都处于流程控制之中，中层管理的高效率一定是依靠流程产生的，不重视流程，难以搞好管理，流程化是团队系统制胜的核心。

图 3.2 什么是好的流程？

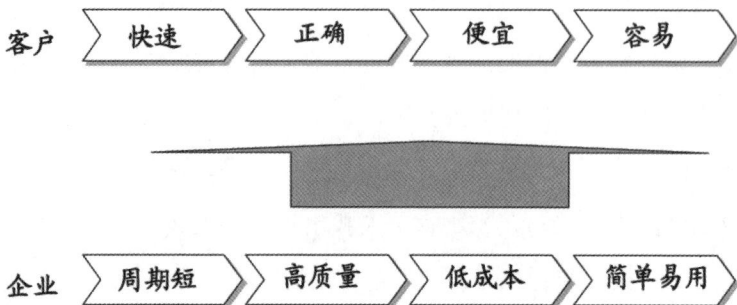

好的流程一定包含上述要素：快速、正确、便宜、容易、周期短、低成本、简单易用。管理者应以此为出发点来对流程进行优化再造，操作时应该遵循以下的原则：

第一，全局原则。流程优化是一个系统工程，必须坚持全局原则。所谓全局原则，就是执行流程的再造要根据整体流程全局最优的目标，来设计和优化执行流程中的各项活动，而不是根据局部最优和部门最优的目标，来设计和优化。

第二，简约原则。哈佛大学的教授帕金森曾经说"机构会自动制造工作。"再造执行流程如果繁琐的话，也会自动制造出许多工作来。因此，执行流程再造，应该在可能的情况下，删繁就简。

第三，放权原则。所谓放权原则，就是压缩管理层次，使决策点位于工作执行的地方。换句话讲，就是将决策权和处理权下放给具体执行工作的人，让执行工作的人自我管理、自我决策。

第四，目标原则。所谓目标原则，就是要围绕开展此项工作所要达到的目标或结果来设计整个流程的工作，而不是就单个的任务来进行组织。

· 团队系统与标准化

除了流程化，高效的团队系统还离不开标准化运作体系，所谓标准，是指为了在一定范围内获得最佳秩序，对活动（工作）及其结果所界定的可以重复使用的规则、规定性文件。这种文件经过相关人员协商一致确定，并经一个具有公信力的机构批准。

实施标准化管理的目的，是为了推进运营过程的规范化、科学化、程序化，建立起符合团队实情的最佳秩序。

实践证明，谁掌握了标准，谁就掌握了市场的话语权。一个企业只有推行标准化，才能实现管理的科学化。

麦当劳中国华东地区总裁曾这样表述："麦当劳之所以开一家火一家，第一是地点，第二是地点，第三还是地点。"这是观念上的描述，在选址问题实操上，麦当劳有一本厚达千页的细节规范操作标准手册作为指导，一切工作都标准化、程序化。可见，不论是麦当劳还是"烹小鲜"，其选址的成功都不是盲打误撞的，而是标准化的成功。

团队标准化有以下几个显著特征：

· 目前最好、最便捷和最安全的工作方式；

· 保存技能和专业技术的最佳方法；

· 是下一步工作改善的基础；

· 是衡量工作绩效的准绳和依据；

· 防止问题发生和意外最小化的方法。

在企业界有这样一种说法，"三流企业卖产品，二流企业卖品牌，一流企业卖标准"，在经济全球化的大趋势下，标准已演化为企业参与国内、国际市场竞争必不可少的"利器"。那么，如何才能实现企业团队的标准化管理与运营呢？

第一步：制定切实可行的标准

要做好团队标准化工作，要成立团队标准化工作领导小组，做好标准制定、统筹规划、组织协调、指导监督、考核检查等工作。对于制定的企业技术、管理、工作标准体系，则要做到符合团队运作、管理的实际，同时又具有符合性、适宜性和可操作性。

第二步：做好标准化工作的宣传与落实

构建标准体系不是用来摆设的，而是要落实的。要推进团队各项工作的标准化，首先应做好宣传培训工作，让员工知道相应标准和执行的方法技巧。

第三步：做好标准化工作推进的检查监督

有了详细的可供执行的量化标准，员工在工作时，就一定能执行到位吗？答案是不一定。因为人都有惰性，都会犯错误。为了避免这种标准化在执行上的偏差，还需要建立完善的检查督导体系。

图 3.3 标准化工作"PDCA"循环改善表示

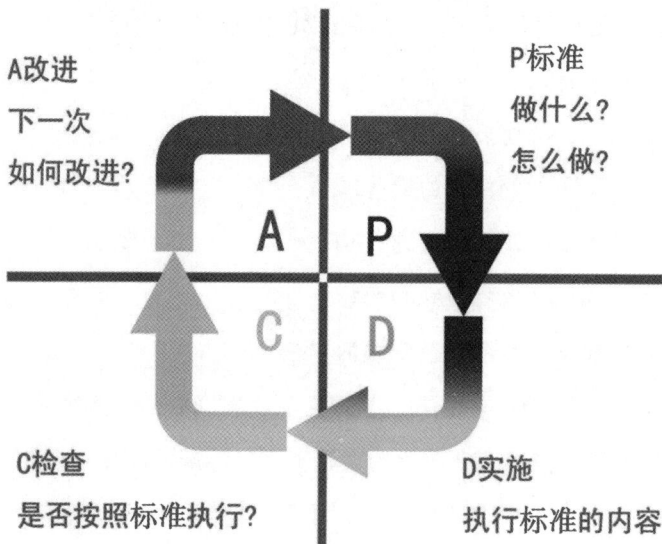

团队推进标准化管理的意义在于：

第一，有利于团队技术、技能的传承；

第二，有利于团队执行效率的提升；

第三，能够有效防止同类问题的再次发生；

第四，通过标准化的材料和规程，能够迅速培训出胜任的员工；

第五，可以避免无端的争议和分歧。

系统制胜：团队系统化与管理标准化

◎团队制胜不靠领导，而是靠原则、靠系统、靠制度。

桥水公司创始人雷·达里奥在《原则》一书中谈了很多原则，其公司运营也如同书名一般，靠的是原则，靠的是系统，原则和系统背后的核心则是制度支撑。

◎团队系统的"管"与"理"。

"管"的着力点在于改变人，改变人的态度，改变人的能力，"理"的着力点在于改变事，改变流程，改变不合理的做法。

◎团队系统的平衡问题：一流的团队系统一定是稳定的、平衡的。

◎让团队像运算程序一样决策。

科学合理的决策要如同运算程序一般，需遵循严格的流程和方法。

◎自组织团队的群策群力。

去中心化的现代团队和自组织团队而言，更应避免决策上的一言堂，需要引入团队群策群力，如任正非所言，"应该让听得见炮声的人来决策"。

◎一流的团队系统，必然伴随着团队的高度职业化。

团队职业化就是工作状态的标准化、规范化、制度化，即在合适的时间、合适的地点用合适的方式说合适的话、做合适的事，使知识、技能、观念、思维、态度、心理等符合职业规范和标准，即一整套的团队规范化工作系统。

◎团队系统的关键在于流程。

管理就是管人和理事。那么，如何在团队中进行管人和理事呢？我们主张"用制度管人，用流程管事"，换句话说，所谓管理，就是在制度的约束下，按照一定的流程去做事，去执行。

◎高效的团队系统还离不开标准化运作体系。

实施团队标准化管理的目的，是为了推进运营过程的规范化、科学化、程序化，建立起符合团队实情的最佳秩序。

4.

优秀团队的 DNA

·复制能力：三个月培养出优秀员工

世界领先的全球管理咨询公司麦肯锡的一位顾问透露说："你所要做的事，以前已经有人做过了，把这个人找出来。如果我们能把他的成功经验流程化，然后按照流程执行，就一定可以提高绩效。"

这就是企业推行流程管理、标准管理的意义所在。一套好的标准，可以帮助团队训练人、改造人、培养人，减少新员工自行摸索的时间，通过"前人栽树，后人乘凉"的方式迅速掌握基本的工作技能和职业规范。

案例：华为的新员工复制机制

第一阶段	新人入职，让新员工知道来干什么的，快速融入企业（3－7天）
1. 给新人安排工位，开一个欢迎会或聚餐会，熟悉周围同事（每人介绍的时间不少于1分钟）； 2. 直接上司与其单独沟通：让其了解公司文化、发展战略等，并了解新人专业能力、家庭背景、职业规划与兴趣爱好； 3. HR主管告诉新员工的工作职责及给自身的发展空间及价值； 4. 直接上司安排第一周的任务，包括：每天做什么、怎么做、与任务相关的负责人是谁； 5. 对于日常工作中的问题及时发现及时纠正（不作批评），并给予及时肯定和表扬（反馈原则）； 6. 让老同事（工作1年以上）帮助信任尽快融入团队。	
第二阶段	新人过渡，让他知道如何能做好（8－30天）
1. 带领新员工熟悉公司环境和各部门人，让他知道怎么写规范的公司邮件，怎么发传真，电脑出现问题找哪个人，如何接内部电话等； 2. 最好将新员工安排在老同事附近，方便观察和指导。 3. 及时观察其情绪状态，做好及时调整，通过询问发现其是否存在压力； 4. 适时把自己的经验及时教给他，让其在实战中学习，学中干，干中学是新员工十分看重的； 5. 对其成长和进步及时肯定和赞扬，并提出更高的期望。	
第三阶段	让新员工接受挑战性任务（31－60天）

| 1. 知道新员工的长处及掌握的技能，对其讲清工作的要求及考核的指标要求； |
| 2. 多开展公司团队活动，观察其优点和能力，扬长避短； |
| 3. 犯了错误时给其改善的机会，观察其逆境时的心态，观察其行为，看其培养价值； |
| 4. 如果实在无法胜任当前岗位，看看是否适合其他部门，多给其机会，管理者很容易犯的错误就是一刀切； |

第四阶段	表扬与鼓励，建立互信关系（61 - 90 天）

| 1. 当新员工完成挑战性任务,或者有进步的地方及时给予表扬和奖励,表扬鼓励的及时性; |
| 2. 多种形式的表扬和鼓励，要多给他惊喜，多创造不同的惊喜感，表扬鼓励的多样性； |
| 3. 向公司同事展示下属的成绩，并分享成功的经验，表扬鼓励的开放性； |

第五阶段	让新员工融入团队主动完成工作（91 - 120 天）

| 1. 鼓励新员工积极踊跃参与团队的会议并在会议中发言，当他们发言之后作出表扬和鼓励； |
| 2. 对于激励机制、团队建设、任务流程、成长、好的经验要多进行会议商讨、分享； |
| 3. 与新员工探讨任务处理的方法与建议，当下属提出好的建议时要去肯定他们； |
| 4. 如果出现与旧同事间的矛盾要及时处理； |

第六阶段	赋予员工使命，适度授权（121 - 179 天）

| 1. 帮助下属重新定位，让下属重新认识工作的价值、工作的意义、工作的责任、工作的使命、工作的高度，找到自己的目标和方向； |
| 2. 时刻关注新下属，当下属有负面的情绪时，要及时调整，要对下属的各个方面有敏感性； |
| 3. 让员工感受到企业的使命，放大公司的愿景和文化价值、放大战略决策和领导意图等，聚焦凝聚人心和文化落地、聚焦方向正确和高效沟通、聚焦绩效提升和职业素质； |
| 4. 当公司有重大事情或者振奋人心的消息时，要引导大家分享； |
| 5. 开始适度放权让下属自行完成工作，发现工作的价值与享受成果带来的喜悦，放权不宜一步到位； |

第七阶段	总结，制订发展计划（180 天）

| 1. 每个季度保证至少 1 - 2 次 1 个小时以上的正式绩效面谈，谈话做到有理、有据、有法； |
| 2. 绩效面谈要做到：明确目的；员工自评（做了哪些事情，有哪些成果，为成果做了什么努力、哪些方面做得不足、哪些方面和其他同事有差距）； |
| 3. 领导的评价包括：成果、能力、日常表现，要做到先肯定成果，再说不足，再谈不足的时候要有真实的例子做支持（依然是反馈技巧）； |
| 4. 协助下属制定目标和措施，让他做出承诺，监督检查目标进度，协助他达成既定的目标； |
| 5. 为下属争取发展提升的机会，多与他探讨未来的发展，至少每 3-6 个月给下属评估一次； |
| 6. 给予下属参加培训的机会，制定出个人成长计划，分阶段去检查； |

第八阶段	全方位关注下属成长（每一天）

度过了前90天，一般新员工会转正成为正式员工，随之而来的是新的挑战，当然也可以说是新员工真正成为公司的一分子。

1. 关注新下属的生活，当他遭受打击、生病、失恋、心理产生迷茫时多支持、多沟通、多关心、多帮助；

2. 记住每个同事生日，并在生日当天部门集体庆祝；记录部门大事记和同事的每次突破，给每次的进步给予表扬、奖励；

3. 每月举办一次的团队集体活动，增加团队的凝聚力，关键点：坦诚、赏识、感情、诚信。

华为新员工培训标准非常详细与周到，这种标准化的培训机制的最大魔力在于其复制力，这种体制下，能够快速培养出职业化的员工，使其在最短的时间内掌握完成工作所需具备的必要技能，掌握企业的做事方式和操作流程，习惯企业的文化氛围。

这就回到了团队管理的一个本质任务上，就是持续培养出适合企业组织需求的敬业员工，而标准化管理、标准化培训及企业的标准化文化，能够将新人成长变得模式化，"模式＋标准化训练＝职业化员工的复制"，一流的团队具有复制能力。

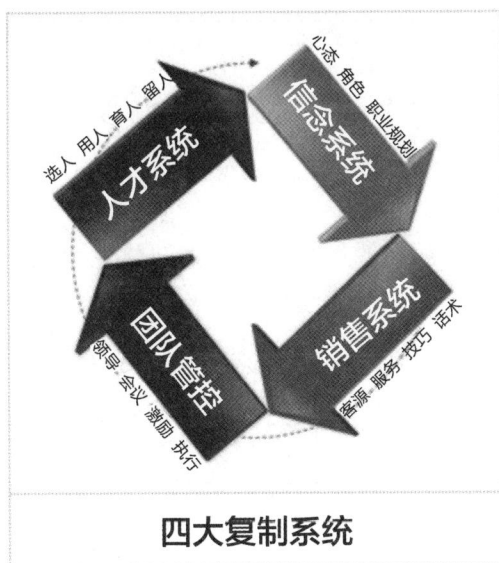

四大复制系统

通常，团队有四大复制系统：

（一）人才系统：包括选人、用人、育人、留人的操作机制和实施标准；

（二）信念系统：包括员工心态培养、角色定位、职业规划的操作机制和实施标准；

（三）团队管控系统：包括团队成员辅导、团队会议、团队激励和团队执行的操作机制及实施标准；

（四）销售系统：包括客源拓展、客户服务、销售绩效、销售话术的培训机制及实施标准。

团队标准化管理就是要做到程序化、流程化、规范化，在内部形成统一的规范和标准，所有工作都可以按照规范和标准完整地执行、不折不扣地实施。标准化是工作改进的基础，既保持改进的成果，又为下一次改进提供数据依据。

·顺畅的沟通通道

在团队管理中有两个关于沟通的数字，就是两个70%——

第一个70%，是指企业组织的管理者，实际上70%的时间用在沟通上。开会、谈判、谈话、作报告是最常见的沟通形式，撰写报告实际上是一种书面沟通的方式，对外各种拜访、约见也都是沟通的表现形式，所以说有70%的时间花在沟通上。

第二个70%，是指企业组织中70%的问题是由于沟通障碍引起的。如团队常见的效率低下的问题，实际上往往是在出了问题、有了事情后，大家没有沟通或不懂得沟通所引起的。

正因为如此，很多团队都非常重视沟通问题，纷纷构建了适合自身的沟通机制。

团队沟通中还有个值得注意的"漏斗"现象：一个人通常只能说出心中所想的80%，但对方听到的最多只能是60%，听懂的却只有40%，结果执行时，只有20%了。你心中的想法也许很完美，但下属执行起来却差之千里，这是由"沟通的漏斗"造成的，克服这一"漏斗"现象，那么管理沟通的效率和质量将会提升很多。

成功的管理者必定是一个沟通大师，一流的团队必定是一个无障碍沟通的团队。所以，作为团队的管理者一定要克服团队沟通中的"漏斗现象"，消除沟通障碍，建立顺畅的沟通通道和沟通机制，实现团队的充分沟通。

1. 构建基本的沟通机制

作为现代团队的管理者，一定要避免出现不善沟通的管理形象。想要在团队内部建立一种良好的沟通机制，其实并不难，你只需从下列问题着手即可：

·你的员工是否知道你的电子信箱？（或手机号码）

·你是否定期处理电子信箱并进行归类？（按紧急程度或者级别）

·团队内部是否每月（季度）都有沟通见面会？（公司制度或者重大事情处理）

·核心员工和管理者之间是否能做到无障碍交流？（开诚布公、彼此信任）

·除了公司会议室，团队成员之间还有其他沟通场所吗？（咖啡厅、茶馆或者郊游途中或者某一方的家中）

·团队成员是否有主动沟通的习惯？（下属会主动给你发邮件汇报工作进展或者主动请缨要任务）

·当团队内部对某件事情抱有重大异议时，是否为了团队利益有人做出重大退让，而且这种退让是自愿的，或者是牺牲个人利益的？

如果对上述问题的回答都是肯定的，那么恭喜你，你做地很棒。如果不是，这些要点正是你下一步努力改进的具体方向。

2. 进行无阻碍沟通，达成共识

管理学大师西蒙这样描述沟通："沟通可视为任何一种程序，借此程序，组织中的一员将其所决定的意见或前提，传送给其他有关的成员。"

在许多团队中，管理者和员工之间建起了厚厚一堵墙，阻碍了他们之间的沟通交流，妨碍了组织共识的形成，也阻碍了团队执行效率的提高和团队凝聚力、合作力的形成。一项调查表明，现代团队的领导者，70%的时间都是用在沟通上，例如开会、谈判、做报告等等。但是，在团队中70%的问题又都是由于沟通障碍引起的。如团队最常见的效率低下问题，往往是由于员工有了意见后，缺乏有效的沟通引起的。另外，团队的执行力差、领导力不高等问题，归根结底也与沟通不力有很大关系。

真诚有效的沟通，能拆除领导者与员工中间的墙壁，正确运用沟通手段，可以帮助团队建立一支以协作工作为中心的强健的员工队伍，可以增强企业的共识和凝聚力，进而增强执行力与竞争力。

在3M公司，似乎每天都有开不完的会议，但这些会议多半都是几个来自不同部门的员工，自发凑在一起商讨问题。3M公司的沟通氛围如同校园，员工们的讨论气氛融洽而又热烈，既促进了公司的发展，也使员工们的人际交往更加流畅。

在Digital公司，总裁奥尔森定期会晤一个工程委员会。这个委员会由20多位来自分公司各阶层的工程师组成，委员会成员还会不时地重组更新，使之不断有新的构想。这使Digital公司的创新和能力不断地提高。

无阻碍沟通的最终结果，是团队或组织在达成共识的基础上实现了阶段快速反应。以通用电气位于肯塔基州的家电公司为例，自从进行了无阻碍的沟通，公司迅速改定了生产流程，提高了速度，同时也提高了顾客反馈的速度与质量，削减了库存，公司从接受订单到发货本需8周，但有了无界限沟通后则缩短到了3.5周，平均库存减少了35%，极大地提高了执行力。

那么我们如何做，才能做到有效的无障碍沟通呢？

第一，沟通要注意感情。既能够了解自己的感受，又能够体会、察觉到对方的感受，注意信息的互动与回馈。若不能做到这一点，沟通就不能算作完整的沟通。同时也不能完全感情用事，要保持理性。

第二，不要强迫别人与你沟通，也不要太快地放弃与对方的沟通。要给别人留有说出他们想法的机会，而不要光听你一个人说。

第三，在沟通的结果上，要知道，认同你的理解并不是同意了你的建议，接纳你的意思也不是接受了你的提议。不同的意见不见得是不好的，不同可能是因为双方考虑问题的角度不同。你认为正确的，别人不一定也认为正确。

第四，在沟通的态度上，不要采取敌对的态度。争吵、发怒并不一定是敌对，可能是因为无法沟通或观点产生严重分歧的原因，达成和解还是有可能的。而如果采用嘲讽、批评、讥笑的态度，那么双方的沟通就困难了。

第五，沟通的关键在于倾听。若想通过沟通来和别人达成共识，实现融合，倾听是一项非常重要的技能。遗憾的是，绝大多数管理者都不具备这一能力，他们在与员工沟通时，只是简单地聆听而非倾听。聆听只是做出听的样子，而倾听却是包括理解与反馈在内的所有听的过程。倾听，是需要注意力、理解力和记忆力的。

能增加沟通效果的倾听，应该是积极而非消极的。消极的就好比录音机，只记下了信息，但反馈不了信息，不能产生互动。而积极的倾听，则需要领导者深入谈话者的思想，从对方的角度来理解问题。一个积极倾听的管理者，会试图理解说话者想表达的思想，而不是他自己想理解的。同时，他还会把倾听的结果反馈给说话者，保持自始至终的客观态度，不会妄加评论。到最后，他还会做出适当的总结，发表自己的看法，来结束这场谈话，这样才能达到良好的沟通效果。

· 深度汇谈：营造开放式的团队氛围

从本质上讲，管理的目的是通过对人的思想和行为进行有效控制，以此来保证工作和事物有序运转的一个过程。但是，由于人的思想各不相同，且存在较大的变数，因此其周围的客观情况也会随之出现经常性的变动。

对于一个团队来说，其中存有的这些变化情况，只有为团队领导者所掌握、所驾驭，他们才能在下一步的决策中占得先机。能否实现这一点的关键在于，团队内部是否有一个完善的信息交换机制。

谈到这种信息交换机制，最重要的一种方式要数——深度汇谈。深度汇谈源自希腊语，它的原意是思想"在人们之间自由流动，就像激荡在两岸之间的溪流那般"。深度汇谈机制下，人人都是赢家，个人可以获得本人无法达到的见解，使团队智商大于个人智商。

通过深度汇谈，能够消除团队成员之间可能存在的既有认识差异，从而统一团队上下的意志，确保团队愿景目标的顺利实现。威廉·伊萨克教授在《深度汇谈》一书中指出："只有当团队成员勇于说出各自的主张、虚心倾听意见、果断展示问题、充分尊重他人的时候，这个团队才能有效地消除分歧，统一认识，实现思想的交融，找到解决问题的良方，挖掘出团队合力的潜能。"

而且，深度汇谈也是团队开展群体互动沟通的一种重要途径。通过深度汇谈，每个团队成员都能开诚布公地说出心中所思所想，这样才能实现真正意义上的共同思考，使得每个人都变成个人思维方式的呈现者，同时也是一个旁观者。

如此一来，团队就能够以更开阔的视角、更多样化的观点来探讨复杂的难题，每个人都会摊出自己的假设，并自由地交换他们的想法。深度汇谈对于发挥团队成员的智力潜能至关重要，通过深度汇谈，团队成员可以相互帮助，觉察彼此思维中不一致、不协调的地方，弥补个人思维的局限性，充分发挥团队集体思维的威力，进而提升团队的凝聚力。

深度汇谈和我们惯常所理解的团队讨论是有很大区别的，它们的基本规则不同，所要达到的目的也不相同。

	基 本 规 则	目 的
深度汇谈	团队成员提出不同的看法、观点、思路，以发现新看法、新观点、新思路，通过这种方式每个人都可以获得自己无法获得的见解和思路。具有发散性，它寻求的不是同意，而是更充分地掌握复杂的议题，用于探究复杂的问题	人人都是赢家，实现双赢、多赢乃至团队共赢
讨论	团队成员提出各自的观点、看法，并为自己进行辩解，成员之间会像乒乓球一样来回撞击。它具有集中性，它通过分析、衡量，选择一个较佳的想法，用于做事情的决议	目的是为了实现个体的赢

通过以上对比，可以看出深度汇谈和团队讨论，确实有着本质的不同，经常进行深度汇谈的团队，其成员之间会逐渐形成一种独特的信任关系。另外，他们体会如何温和地主张自己的看法而使更广泛的见解逐次出现。他们也学习如何保持自己的立场，而不被自己的立场所控制。当需要为自己的观点辩护时，他们也不会冲动或固执己见、或把输赢当作第一要务，更多考虑的是团队立场及团队共赢。

深度汇谈是打造系统致胜团队的一个秘密武器，要实现团队的深度汇谈，通常需要满足以下三个要件：

第一，悬挂假设

悬挂假设是一个非常形象的提法，所谓"悬挂"，就是将自己的假设、观点毫无保留地悬挂在其他团队成员面前，并接受其他人的询问与探询。具体来说，其步骤为：

首先，一个人要意识到其所作的假设，然后才能把它"悬挂"出来。

其次，展示自己的假设，就是让自己和其他人都能看到你的假设。

最后，才是探询，也就是让别人看到你所思所言的新维度。

通常，相对别人的想法，人们更愿意相信自己的想法，因而也不愿意把自己的心思全盘托出。至于要将自己心中所有的假设都悬挂出来，则更是一种挑战。但实际上，敢于悬挂假设就表明你有一种自信心，如果你的假设真的有价值，那就应该能经得起别人的探询；如果没有价值，你就应该坚强一些，开朗一些，以海纳百川的胸襟接受队员的意见，重新考虑一下你的假设。

第二，相互信任的伙伴关系

团队成员应彼此视对方为工作伙伴，这种关系对于建立一种成员之间的良好关系和氛围，减少悬挂假设时成员感觉到的不安，以及消除由于个体差异带来的障碍会带来很大的帮助。伙伴关系绝不仅仅是对相同观点者而言的，它还包括不同意见者甚至是反对者。尤其是在意见出现重大的不一致的情况下，后者往往可以带来更大的收获。

第三，要有一个好的"辅导者"

团队开展深度汇谈行动时，需要一个称职的"辅导者"，这个角色通常由团队领导者或领导者指定的人来扮演。因为，在缺乏熟练辅导者的情况下，过去的思维习惯会不断把团队成员拉向讨论而偏离深度汇谈。一个深度汇谈的辅导者起码要做好几项基本工作：

· 让参与者明白他们必须对深度汇谈的结果负责。

· 保持一种平等开放的团队交流氛围，把握好汇谈的方向与进度。

· 准确地掌握汇谈时机，并有技巧性地给予启发或直接协助，需要注意的是，辅导者不要以专家的姿态出现，以免有些成员过分关注辅导者而分散了注意力，或忽略了自己的想法及责任。

· 辅导者应了解深度汇谈的技巧并熟悉其发展过程。辅导者可以是汇谈的提醒者，也可以是技巧的示范者。

· 当团队具备了深度汇谈的经验和技能后，辅导者角色的重要程度就会有所减弱，或可以成为参与者之一，甚至此阶段可以不需要指定深度汇谈的辅导者。

全球最大的信息管理软件及服务供应商甲骨文公司，号称是全球最擅长知识管理的企业。甲骨文公司确实不愧这一称号，因为该公司在学习型组织以及学习型团队建设上确实已经有了很大建树。

甲骨文公司可谓深谙深度汇谈的真谛,其高管每季度都与主管分享一本书并进行导读。主管会再对员工进行导读,书导读得越多,团队中读书的气氛越浓。为营造深度汇谈的气氛,甲骨文亚太区每隔一段时间,就会邀请各地区总经理聚集在一个酒店里,谈论未来经营模式。那是一种"完全没有自我,只能挑战问题,不能批评他人"的探讨。通过这种脑力激荡,打破地区、体制的限制,往往能获得突破性的思考成果。

在甲骨文公司,通过深度汇谈,团队主管要引诱下属讲出心里真正的心声,达到"改变主管心智模式"的目的,乃至和员工共享"愿景",辅导其进行职业生涯规划,协助下属实现"自我超越",从而呈现出了一派和谐共赢的学习型团队盛景。

甲骨文公司的成功经历,让我们看到了希望,但笔者在指导企业进行深度汇谈时,也发现了一个问题:在一个现实的团队中,如果深度汇谈的议题来自现实,特别是那些比较敏感的问题,如团队结构、奖惩制度、管理方等,那么深度汇谈就很难做到深入。往往只有少数人发言,其他人只是闭口倾听,而且发言者也会言不由衷,说的不是真心话,导致深度汇谈并没有达到应有的深度,进而也难以收到应有的效果。

因此,在现实的团队工作中,深度汇谈的开展是有一定挑战性的,要想让深度汇谈切实实施开来,应该遵循威廉·伊萨克教授在《深度汇谈》中所提出的思想基本原则:

1. 发声

发声,指团队成员要说出自己真实的感受,而且,无论别人怎么看,你都应该诚实地说出自己内心最真实的想法,这是深度汇谈中最具挑战性的部分。要做到在深度汇谈中寻找自己的声音,首先你应该问自己这样一个简单的问题:现在我应该说什么?这意味着你除了倾听自己内部的情绪反应、行动和诸多想法之外,你必须倾听自己内心真实的声音。

说出自己的声音有时候会给别人甚至自己带来难堪,但你一定要战胜因此而产生的心理障碍，这要靠信心。发出自己的声音，讲真话，是深度汇谈的本质。

2. 聆听

深度汇谈的中心活动是聆听，它看似非常简单，但实际上人们却很难做到。因为聆听者在聆听时所要做的不只是聆听，还要学会去拥抱它们、接受它们，并且逐渐释放存在于内心中的吵闹声。人们如果探索到聆听这个动作，就会发现它其实并不是一项单方面的活动，因为聆听可以让大家更直接地察觉到与世界参与、互动的方式。

所以，聆听的对象不只是他人，更包括自己和自己的反应。有位经理说："我一直都想成为会说话的人，但是却从来没有想过要如何成为会聆听的人。"

正确的倾听可以协助我们化解人与人之间的隔阂，它有助于团队深度汇谈的推进。

在聆听的层次里，最高层次是要做到"同理心"的去聆听，即站在对方的立场去聆听，这是倾听的一种理想境界。

3. 暂缓

当你聆听某位团队成员畅谈时，常会面临到一个重要的选择。你可能选择捍卫己见、拒绝接受别人的意见。你也可能会尝试着要别人了解自己的观点，并希望他们以正确的角度来看事情（不过通常都是我们的角度），或者我们可以学着暂时保留自己的意见，不要在刚开始就太坚持。

而暂缓的意思并不是让你压抑自己的想法或以单方面的信念说服他人，而是要以自己和他人都能了解的方式来表达每个人的思想。人们需要做的是能体认自己的想法与感觉，而且不会被迫接受它们，如此一来，我们才能释放大量的创造能量。

4. 尊重

尊重的核心在于要将其他团队成员视为"正当的"个体。即使你不喜欢他做的事、说的话或思考的方式，但是我们仍然无法否认他们是"正当"团队个体的事实。

尊重同样也意味着每个人都知道自己所处的团队有一股潜在的一致性，而自己也是其中的一部分。每个人都是团队的参与者，而不是旁观者，如果能认可这一事实，就能够负起自己的责任，而且再也不会把错误归咎到他人身上，这是做到互相尊重的基础。

尊重，就是让一个人在受到他人的困扰时，仍然可以给予他人空间，让他充分做自己。人利用这种方式可以不需要想办法"改变别人"，或让他人改变。要做到这一点，你只需要愿意面对他人与自己的不同处就可以了。

换句话说，让深度汇谈可以切实实施的秘密，就是在于必须表现出原谅他人的意愿。做到这一点，意味着我们可以尊重他人，也可以尊重自己。

·积极化解团队冲突：警惕团队中的不和谐因素

有人的地方就有江湖，

有江湖的地方就有冲突。

你有没有与人发生冲突的经历？

你会不会因为与团队成员之间的冲突而大发脾气？

你会不会由于团队成员之间的冲突而伤神？

我想答案是肯定的。许多立志于建立高效团队的管理者谈到"冲突"都会闻风色变。的确，在传统观念上，冲突被认为是造成不安、紧张、不和、动荡、混乱乃至分裂瓦解的重要原因之一。冲突破坏了团队的和谐与稳定，还容易造成矛盾和误会。管理者总是希望冲突能和自己的团队擦肩而过，在团队内完全消除冲突。

毋庸置疑，这种对团队冲突的认知有其合理的一面，但需要知道冲突也并不全是消极的、恶性的，将冲突完全消灭显然是一种不够成熟的理解，也是一件不可能的事情。

在我们的习惯性思维当中，人们往往将冲突与争论、攻击、内部分裂等联系起来，甚至将冲突看作是管理者的无能，是管理失败的一个现象。正因为如此，管理者才想去尽量消灭冲突，强调"以和为贵"，主张"中庸之道""稳定压倒一切""和谐第一"，更有甚者，有人还将冲突视作洪水猛兽，畏之如虎。

笔者对此有不同的看法，首先对冲突应该以正面的态度去面对，因为在任何组织形态下，冲突都是无可避免的。甚至有时候最佳绩效的获得，还有赖于适度冲突的存在，管理者的任务，就是以正确的心态去面对冲突，去利用冲突，将冲突视作机会。

从属性上说，冲突本身其实也是一种沟通，只不过其形式相对激烈了一些而已。冲突的对立面其实恰恰就是融合，妥善处理了冲突，也就意味着融合局面的到来。

团队管理者要善于融合冲突双方甚至是多方的不同意见，这是一个无法抹去的管理过程。

冲突并不可怕，也没必要去刻意回避，对于冲突，重要的是转变观念。在任何组织形态下，冲突都是无可避免的。尤其是在团队内部，因为有不同的人，因而也就有了不同的观点和看法，他们之间发生冲突也就成了自然而然的事情，相反，如果团队中没有冲突，大家一直一团和气，那倒反而不正常了。

不错，冲突总会让人感觉到紧张和不快，但冲突管理恰恰也是驱动团队、组织变革的最大动力之一。只要处理得当，冲突也能够给你带来更多革新，帮助巩固团队内部的关系，帮助组建融合的团队。

进行冲突管理时，可以参照以下步骤进行：

第一，冲突分析。发现冲突后，首先应要求冲突双方尽量主动化解矛盾，让他们列出冲突的表现，然后彼此做出解释，对导致冲突的因素进行分析。

第二，鼓励双方看到冲突中积极的一面。劝解冲突双方不要主观认为对方对自己有芥蒂，应该将对方往好处去想。

第三，整合期望值。让双方都做出承诺，将双方都希望达成的期望值逐条列出来，同时向他们说明要实现这些目标，他们应该做些什么？应该怎样做？

第四，确定和解目标。在上述期望值的基础上，列出双方都希望达成的结果，力争把事实存在的冲突与感觉上的误会划分清楚。

第五，建立化解冲突的框架。须知仅仅依靠一次面对面的沟通并不能彻底解决冲突，还须建立一种支持性的框架来推动和解，如可以约定下次面对面沟通的时间、内容、要解决的主要问题等。

第六，评估冲突成本。应告知冲突双方如果经过此次沟通后仍然不能解决任何问题，会给团队带来什么样的影响？会带来哪些额外的成本？警示他们必须对这些消极后果负责。

第七，明确义务。让双方知道他们各自应该为改善冲突做出哪些努力，责令他们在下次沟通时必须说明具体的冲突改善结果、进程和时间表。

第八，沟通总结。再次提醒双方需要做些什么，对他们的期望是什么。

需要特别注意的是，冲突并非都有害。按其性质可以分为两大类：一类为建设性冲突或称良性冲突；一类为破坏性冲突或称恶性冲突。

通常而言，对于双方目的一致而只是手段或途径不同而生发的冲突，大多属于建设性冲突，这类冲突对于团队目标的实现是有利的，而恶性冲突往往是由于双方目的不一致而造成的。建设性冲突的主要特点是：

· 双方对实现团队的共同目标都很关心；

· 彼此乐于了解对方的观点、意见；

· 大家以争论问题为中心；

· 在冲突中注重互相交换情况。

杰克·韦尔奇就非常重视发挥建设性冲突的积极作用。他认为开放、坦诚、建设性冲突、不分彼此是唯一的管理规则。韦尔奇经常参与员工面对面的沟通，与员工进行辩论，通过真诚的沟通直接诱发同员工的建设性冲突，不断发现问题，改进管理，使通用电气成为市场价值最高的企业，也使他成为最有融合力的领导者。

日本管理大师盛田昭夫也从自己的管理实践中体会到，可以通过一定的途径和方式激发建设性冲突。

如果说一个冲突过多的团队未必是一个好团队，那么，一个没有任何冲突的团队一定是一个平庸的团队。建设性冲突，有助于团队成员表达自己的观点、不满、发表批评意见，所以，管理者应该通过一定的技巧，去诱导、引发建设性冲突。

要注意的是，如果在你的团队内部发生以下类型的冲突时，你必须立即加以制止，避免让情况继续恶化下去。

第一，当讨论演变成为彼此之间相互的责难或是攻击；

第二，如果牵涉到意识形态或是价值观等的争论，也容易转为人身攻击，必须加以阻止；

第三，如果大家在会议或沟通过程中的情绪都过于激动，不妨休息几分钟再开始。

·承担领导责任，落实责任管理

每个人的一生，不存在哪怕是一分一秒不需要负责任的时候，责任会伴随人的一生，在你的身上有各种各样的不可推卸的责任：对家庭的责任、对工作的责任、对社会的责任、对国家的责任。

责任不仅是一种义务，它其实也是推动个人成就非凡事业的最佳动力。小到个人、家庭，大到企业团队、国家，它们的生存和发展，都离不开责任的推动。责任可以推动一个人由平庸走向卓越。承担责任更是团队管理者的一个重要职责之一。

在我国，经常称一些领导者为"负责人"，这可以说是寓意深刻，所谓"负责人",就是要切实负起责来,否则出现了问题你就推脱责任,那么你这"负责人"显然也是不胜任的一种表现。

敢于承担责任,是管理者的一种责任。当自己的团队出现问题时,不要再去推卸、指责和埋怨,而是主动承担其责任,多从自己身上去寻找原因,这样才能让员工信服,才能感化员工,并向他们传达积极的力量。

一流团队的管理者一定是负责任的管理者,并致力于在团队内从上到下落实责任管理,让全体团队成员充满责任意识。

1. 运用责任管理的方法

团队领导者,往往集各种责任于一身,如何担负这些责任,需要找到一套科学的方法来提高自身的执行力。当前最常用、有效的责任管理方法是"5W3H"。展开来说,就是在执行一项任务前,管理者应该提出并解答下面8个问题:

第一,什么任务(What)?要明确相关任务的工作内容、工作量、工作目标和工作要求以及达成期限;

第二,为什么去做(Why)?也就是要明白该项工作的目的、意义,并决定自己是否要由自己亲自去做;

第三,谁去做(Who)?确定由谁或哪些人去完成该项工作,他们分别承担什么角色;

第四,从何处入手(Where)?该项工作的切入点在哪里,需要按什么流程执行下去,执行到什么程度才算结束;

第五,什么时间完成(When)?要制定出完成任务所需的日程与安排;

第六,怎样完成(How)?也就是去要制定完成该项工作的细化方案,找到切实可行的工作方法;

第七,需要动用多少资源(How much)?即确定完成该项工作需要哪些资源条件,需要多少,如何进行筹措;

第八,做到什么程度(How do you feel)?要提前对该项工作的结果进行合理预测，预测过程中要考虑到执行人员的情况。需要说明的是，在制定执行方案前，要明确指导思想和执行准则；在任务执行中要做好追踪工作，了解相关信息、掌控工作进度、协调外部关系、掌握执行者心态、预防突发事件，并要防止自己被架空。处理好了这些问题，才能让所有的执行人员切实负起责来，才能将任务执行地更有条理，也更到位。

2. 培养团队成员的高度责任心

世上没有不必承担责任的工作，工作就意味着责任。你若想让员工变得更胜任，首先要帮助他们树立起对工作的高度责任感。

对你的员工来说，对工作负责就是对他们自己负责，不仅要对"分内事"负责，还要对"分外事"负责，所有与执行有关的事、对团队发展有利的事，都应该当成自己的责任，去尽力执行。有了责任感，才会变"绝不可能"为"绝对可能"，才能变"怎么可能"为"怎么才能"，就会想尽一切办法去承担各自应尽的责任，就会朝着既定的目标勇敢地面对各种困难。

要检验你的员工对工作是否真正负责，只需通过以下几个问题就可以看出来：

他总是能完美地完成领导交办的工作吗？

当需要加班时，他会对领导说"对不起，已经下班了"吗？

当你安排他到社会上做一项调查时，他会偷懒耍滑，甚至假公济私吗？

他是如何理解"不承担责任也就意味着放弃了前程"这句话的？

对上述问题的回答，将能够看出你的员工是不是以负责的精神对待工作。

对工作高度负责，就是一流的胜任力的表现。具有强烈责任感的人，会坚决完成公司、上级交代的任务，而缺乏责任感的人，会中断执行，拖延任务。

一个对工作高度负责的员工，不需要上司叮嘱或监视，他们会主动加班，抢在竞争对手前面完成任务。即使是在上下班的路上，或是在家里休息时，他们时刻都在思考一份完美的工作计划。一个对工作高度负责的人，可以更好的完成任务。

团队系统：优秀团队的DNA

◎优秀团队的复制能力：三个月培养出优秀员工。

一套好的团队系统、标准，可以帮助团队训练人、改造人、复制人、培养人，减少新员工自行摸索的时间，通过"前人栽树，后人乘凉"的方式迅速掌握基本的工作技能和职业规范。

◎确保沟通通道的畅通无阻。

一流的团队必定是一个无障碍沟通的团队，团队领导者要致力于消除沟通障碍，建立顺畅的沟通通道和沟通机制，实现团队的充分沟通，求同存异。

◎通过深度汇谈，营造开放式的团队氛围。

通过深度汇谈，能够消除团队成员之间可能存在的既有认识差异，使团队智商大于个人智商，从而统一团队上下的意志，确保团队愿景目标的顺利实现。

◎积极化解团队冲突：警惕团队中的不和谐因素。

冲突管理是驱动团队、组织变革的最大动力之一。只要处理得当，冲突也能够给你带来更多革新，帮助巩固团队内部的关系，帮助组建融合的团队。

◎承担领导责任，落实责任管理。

一流团队的管理者一定是负责任的管理者，并致力于在团队内从上到下落实责任管理，让全体团队成员充满责任意识。

5.

变革管理：管理就是管意外

·化繁为简

曾任阿里集团旗下网络营销平台"阿里妈妈"总裁职务的俞永福，是阿里战略决策委员会八名成员中的一人。"阿里复杂，我就让它变简单。"俞永福说，他最擅长的事情之一，就是将复杂关系化繁为简。

复杂的问题很棘手。看似复杂的事物会异常简单；看似简单的事物会异常复杂。将复杂的事情简单化，能够让你重新思考公司、团队、家庭和你的世界。

因为，越是复杂的事情越是可以用简单的方法去化解，往往会得到意想不到的效果。

任何复杂的现象其实都有其一般性的规律，都可以从中找到简单的分析、处理方式。简单就是找寻规律，把握关键，远离复杂、官僚和中庸。简单管理不是粗糙管理，不要管理，而是找到规律，形成自然秩序，从而执行起来更容易。

如何将纷繁复杂的管理变得简单而又有效率，核心就是在团队中形成一种自然秩序。就像一个交响乐团，不论是大提琴手、小提琴手，还是号手，如果每个人都知道自己在什么时候正确地做什么事情，那么乐队指挥起来就会得心应手。同样的道理，如果管理者能够让员工拥有了这样的本领，在工作的链条上不再需要提醒和监督就能默契配合，知道该在何时做何事，实现人机合一，那么部门内部的秩序也就形成了，工作就变得像呼吸一样自然，管理也就变得简单了，员工执行起来也会更加得心应手。

这个世界上许多事原本简单，却因为人们复杂的思维而变得复杂，管理工作原本已经很复杂了，但还有许多管理者有意无意地给自己设置许多"圈套"。他们和这些复杂问题不断斗争，并且依据最新的管理理论用一些他自己也不明确的方法来解决问题，这样只会适得其反。实际上，解决这些复杂的问题，最好的方法就是运用简单思维。

英国奥卡姆的威廉的"思维经济原则"所倡导的"无情地剔除所有无用的累赘"，被人们形象地称之为"奥卡姆剃刀"法则。他指出，现在有许多所谓的"现代文明成果"实际上都是有害无益的，而许多管理者正在被自己制造的麻烦压垮——繁琐的会议、复杂的企业文化、不明确的目标、繁琐的执行流程等等。这一切导致团队的执行效率越来越差，人心越来越涣散……其实，问题都出在复杂化上，解决这所有的问题只有一个办法，那就是运用"奥卡姆剃刀"，结束复杂化，将复杂的问题简单化，变成可供执行的具体化任务。

复杂只会扼杀工作效率，这是必然的。因为团队的准则和制度如果过于复杂，员工在执行一项任务时，就必须得拿出很多额外的时间去应付那些毫无意义的请示、解释，就必须花更多的精力去删繁就简，琢磨复杂化背后隐藏的主旨。所以，只有化繁为简，才能形成简单高效的执行氛围，才能避免员工徘徊、摆动，进而提高执行效率。

管理的本质就是将复杂的问题简单化，而化繁为简也堪称是高效执行的核心法则。对团队工作而言，要做到化繁为简，要牢牢把准简单管理的四个关键点：

第一，立足事实，抓住关键；

第二，深入本质，把握规律；

第三，删繁就简，直截了当，提高效率；

第四，明确责任，强调执行，即把理念转化为实际行动。

具体来说，可从以下几个方面入手：

1. 简单管理

"简单"并不意味着"放弃"，具备了化繁为简、以简驭繁的思想和技巧，如果没有执行，一切都是空谈。为了实现最终的"简单管理"，我们需要一批有良好理解力和执行力的人，才能使团队的整体工作能力向更简单、实用、高效的方向迈进，要有一批能找出方法、找到工具并具备教育能力和耐心的管理者担负使命，才能使"简单管理"由口头禅变成实际行动。

杰克·韦尔奇非常推崇简约化管理，他说："作为领导者，一个人必须具有表达清楚准确的自信，确信组织中的每一个人都能理解事业的目标。然而做到组织简单绝非易事，人们往往害怕被认为是头脑简单。事实恰恰相反，唯有头脑清醒、意志坚定的人才是最简单的。"

韦尔奇提到简单管理的两个必要条件：一是领导人要头脑清醒、意志坚定，有着对自己表达清楚准确的自信；二是组织中有非常明确的价值之榜，每一个人都能理解事业的目标，每一个环节都能恰当地发挥着作用。韦尔奇脱口而出的话语，虽然并没有准备给出简单管理的充分必要条件，但却给广大管理者指明了方向。

2. 标准化工作

简单管理作为一种理念提出来是很简单的，但要真正转化为员工的行为方式和思维方式，还需要在机制、制度、流程和技术上长期修炼，不能操之过急，要有足够的耐心。需要注意的是，简单管理并不能解决所有工作中的问题，追求简单说明管理工作本身是复杂的，而管理者的职责是将管理简单化，让员工可以迅速领会各自的任务并在第一时间去执行。事实上，各行各业的优秀管理者已经将工作中被证明最行之有效的执行流程总结出来，并形成标准。

这种标准就是样板，是所有工作的依据，也就是已经确定的工作准则，也是已知的最佳的工作方法，依照这种既有标准去执行，显然最高效。

3. 简洁的执行流程

流程上，要简洁高效，能电脑化的尽量电脑化，如目前中国企业内部大量纸质的报告表格材料等，大部分可以通过电子方式传递，最大程度实现无纸化办公。

4. 选择最简单实用的工作方法

工具和方法选取上，要简单实用，不刻意追求复杂和高级的工具和方法。

5. 沟通协调上，要简单高效

这实际上是实现整个简单管理的基础，如一张纸制度（就是在企业取消无休止的总结和汇报，讲究言之有据、言之有物、言简意赅，一般的总结、请示和汇报都要在一页纸内说清楚）、站着沟通制度、半小时会议制度、透明信息制度（就是在企业内部鼓励求真求善，鼓励敢于承认错误并及时改正，隐瞒不报、提供虚假信息者将受到严惩）等。

·团队规划力提升

如果说"20/80 定律"，相信很多人都知道，但要说"10/90 定律"，恐怕知道的人就不多了。这一定律是由史蒂芬·科维发现的，它的核心表达是：生命中的 10% 是由你的际遇所构成，剩下的 90% 则由你的反应所决定。举个简单的例子：

早晨，你同家人共进早餐，儿子不小心将热奶茶洒到了你的衣服上，这是一个你无法控制的突发事件。下一步如何发展，完全取决于你的反应，很多人会怒不可遏，将孩子痛批一番，使其陷入无尽的愧疚和痛苦中，仍然没有消气的你又将怒火发泄到爱人身上，指责她没有将奶茶放好，爱人当然会不依不饶，你们为此大吵一架。

当你气呼呼地上楼换好衣服，发现你的儿子哭着慢吞吞地吃完早餐，却错过了校车。

你的爱人也匆忙去上班，你不得不开车将儿子送往学校，为了赶时间，不知不觉中超速了，被交警拦下交了罚款，赶到学校，儿子没有跟你道别就直接跑进了学校。

当你赶到公司的时候，已经迟到半小时了，更糟糕的是，你忘了带公文包。

你不得不感叹这是晦气的一天，开始有所反思，希望早点回家，可当你下班回到家中时，才发现同爱人、儿子的关系上有了一丝若有若无的裂痕。

为什么会有这么一天？

是奶茶所造成的吗？

是你的儿子所造成的吗？

是交警所造成的吗？

显然，都不是，它们是由于你的不当反应而造成的。

试想一下，如果面对早晨的那种情况，你做出的是这样的反应：

看着孩子内疚的样子，你抚摸着他的小脑袋说："亲爱的，没关系的，下次小心一点就行了。"妻子对你相视一笑，又上楼给你找好了换的衣服，当你换装完毕下楼时，看到孩子已经上了小车，使劲地对你挥动着小手。随后，你和爱人道别，各自赶往公司，开始了新的一天的工作。

两种截然相反的结局，都是取决于你的反应。

这就是"10/90定律"所描述的现象，90%的结果是由10%的少数所决定的。也因此，人应该将90%的精力和成本花在那10%的关键点上面。

在此处，我想再对"10/90定律"做一个引申，那就是10分规划等于90分的成绩和成功，即在规划上花上10分的时间，往往在计划付诸行动后会给你带来90分的业绩和成功。

规划，也就是决定到底需要做什么的一个过程。盲目行事，只会事倍功半，在行动前进行彻底的规划，才有可能事半功倍。

1965年，华罗庚教授在其《统筹方法平话》中提到这样一个事例：

想要泡一壶茶喝，面临的情况是：没有开水，开水壶和茶壶茶杯都要洗，茶叶已经有了，火也生好了，应该怎么办，才能最快喝到茶？

办法一：洗好开水壶，灌上凉水，放在火上，在等待水开的时候，洗茶杯，拿茶叶，等水开了，沏茶喝。

办法二：先做好一切准备工作，洗开水壶，洗壶杯，拿茶叶，灌水烧水，坐等水开了沏茶喝。

办法三：洗开水壶，灌上凉水，放在火上坐待水开，开了之后急急忙忙找茶叶，洗壶杯，沏茶喝。

能够看出，第一种办法最好，效率最高，而后两种办法都不是最高效的。因为，开水壶不洗，不能烧开水，所以洗开水壶是烧开水的先决条件。没开水、没茶叶、不洗壶杯，我们不能沏茶，因而这些又是沏茶的先决条件。

尽管这只是一个日常生活中非常普通的片段，但却表现了统筹规划的重要性。

规划力是团队领导者需要具备的一项重要的能力素质，它对于团队的合理调度、加快工作进展、提高工作效率是十分有效的，能够推进团队管理工作的规范化进程。

在做任何一件事之前，都应该在头脑中考虑好怎样来进行，并辨别出事情的轻重缓急、先后高低，以让执行更加流畅顺利的能力，这就是规划力。

大到国家办奥运、经营管理企业，小到逛街、泡茶，都需要规划力，你的做事效率的高低，就取决于规划力。如丰田公司的"交货期主义"，就是规划力的最佳运用。同一般生产企业的差别在于，其他企业往往是先大量生产备用品，再从中挑选整合，而丰田则是针对某种要求生产出必要范围内最小数量的产品。丰田的这种"交货期注意"，可以有效减少库存，节省购买材料的资金和保存时间，进而就可以将精力集中在提高产品质量和严守交货期上，是很有效率的生产方式。

在实际工作中，团队领导者应处处注意提升自己的规划力，提高工作效率：

简单来说，工作中的统筹规划一般会涉及计划、方案的构思和制作，以及人际关系、组织关系、供求关系、配合关系等协调以及各种资源的合理配置，这需要形成框架结构的思考方式。如你需要弄清楚这些问题：

· 今天都有哪些文件需要上报？

· 什么时间上报？

· 向谁汇报？

· 哪些资料是需要准备就绪并与客户确定工作流程？

· 有多少个电话需要沟通？

· 它们分别需要多少时间？

· 还有多少由自己个人支配的时间？

如此，对工作中的各项事务按照紧迫性、重要性区分优先等级，在各项任务上合理分配时间资源，进而有计划、有步骤地安排工作进程，久而久之，养成习惯，你的规划力自然就水涨船高了。

下面有一个表格，可以用来评估你的规划力水平：

级别	描述
★★★★ （最高）	1. 善于从事规划工作，工作布局合理并能够兼顾细节，对未来可能出现的问题和突发情况，也准备了充分的预案； 2. 能够从组织未来发展的高度着眼，善于整合内外部资源，建立整体性的资源优势，为我所用。
★★★	1. 能够在对内外部资源进行盘点的基础上，进行资源优化统筹配置，使其发挥最大效用，并能够拟定具体的工作内容和操作步骤； 2. 能够综合考虑各种潜在影响因素和利益相关方的合理诉求，在此基础上制定切实的工作方案，并设想出可能会出现的问题以及应对措施； 3. 遇到突发情况，临危不乱，不会因外界干扰而轻易变更计划。
★★	1. 日常工作能够按照计划正常推进，一般都能完成各项任务指标，不过在应对计划外的突发问题时显得有些手忙脚乱，不知所措； 2. 能够清楚完成任务所需要的各项资源，但是对资源的调配协调能力有所欠缺，需要得到上级和同级管理者的紧密配合才能完成。
★（最低）	1. 工作没有头绪，不能按流程执行，干到哪里算哪里，时常处于忙碌状态，感觉时间不够用，回过头来，却发现并未做多少事； 2. 做事不分轻重缓急，眉毛胡子一把抓，导致手上的事务繁杂无序； 3. 当工作中出现困难或资源不足时，缺乏解决问题和调配资源的主动意识，消极等待。

·团队卓有成效的前提：时间管理

"时间就是效率"、"时间就是金钱"、"时间就是生命"这些老生常谈的警句几乎每个人都可以脱口而出，但真正面对自己有限的时间时，很多人做的就不尽如人意了，我们常常听到——

"我要是一天拥有不止24小时就好了！"

"我应该少做些无聊的事，消灭那些无效时间，好好地约束自己，提高工作效率！"

"时间根本不够用，同事间争权夺利，我总是担任和事老的角色；家人总也见不到我，几乎已经当我不存在了！"

……

我们知道，最成功和最不成功的人一样，一天都只有24小时，但区别就在于他们如何利用这所拥有的24小时。时间是一种特殊的稀缺资源，它的特殊性在于：

·供给毫无弹性：时间的供给量每天是固定不变的，在任何情况下不会增加、也不会减少，每天都是24小时，所以我们无法开源。

·无法蓄积：时间不像人力、财力、物力和技术那样被积蓄储藏。不论愿不愿意，我们都必须消费时间，所以我们无法节流。

·无法取代：任何一项活动都需要消耗时间，这就是说，时间是任何活动所不可缺少的基本资源，它是不可替代的。

·无法失而复得：时间无法像失物一样失而复得。它一旦丧失，则会永远丧失。花费了金钱，尚可赚回，但倘若挥霍了时间，任何人都无力挽回。

正因为如此，你需要进行时间管理，而事实上，时间也是完全可以被有效管理的，"巴金森法则"使我们了解："你有多少时间完成工作，工作就会自动变成需要那么多时间。如果你有一整天的时间可以做某项工作，你就会花一天的时间去做它。而如果你只有一小时的时间可以做这项工作，你就会更迅速有效地在一小时内做完它。效率是逼出来的。"

根据德鲁克的研究，卓有成效的管理者只有五个特点而已：时间管理、分清内外、用人所长、要事优先、善于决策。

其中首要的就是时间管理，它是管理者和团队卓有成效的前提，管理不好时间，一切都是空谈。

查尔斯·史瓦在担任伯利恒钢铁公司总裁期间，曾经向管理顾问李爱菲提出这样一个不寻常的挑战："请告诉我如何能在办公时间内做妥更多的事，我将支付给你任意的顾问费。"李爱菲思索片刻，写了一张纸给他，对他说"写下你明天必须做的最重要的各项工作，先从最重要的那一项工作做起，并持续地做下去，直到完成该项工作为止。重新检查你的办事次序，然后着手进行第二项重要的工作。倘若任何一项着手进行的工作花掉你整天的时间，也不用担心。只要手中的工作是最重要的，则坚持做下去。假如按这种方法你无法完成全部的重要工作，那么即使运用任何其他方法，你也同样无法完成它们，而且倘若不借助某一件事的优先次序，你可能甚至连哪一种工作最为重要都不清楚。将上述的一切变成你每一个工作日里的习惯。当这个建议对你生效时，把它提供给你的部属采用。"

数星期后，尝到了甜头的史瓦没有食言，他邮寄了一张面额 2.5 万美元的支票给李爱菲，并附言她确实已为他上了十分珍贵的一课。伯利恒后来之所以能够跃升为世界最大的独立钢铁制造者，据说可能是导因于李爱菲的那数句关于时间管理的真言。

世界上所有的成就都是"现在"所创造的。因此，我们要记取"过去"，把握"现在"，放眼"未来"。

所以，请善用当下的时间。

1. 先做正确的事，再去正确地做事

有效利用时间的一个前提，应该"先做正确的事，再去正确地做事"，这是每一个人能够有效利用时间的最基本要求，无论团队管理者，还是普通成员。

但现实中，这样的情境或许正在你的团队内上演：员工们正机械地奔跑在各自的航道上，忙碌着既定的任务，等待着监督和检查。但目标是否正确，如何才能最快地抵达终点，他们却并不清楚。

这样的法则也许正在你的员工中得到印证：

10%的人在做正确的事并且能够正确地做事；

55%的人在做正确的事但并没有做到正确地做事；

25%的人在正确地做事但并没有实现做正确的事；

10%的人既没有做正确的事也没有正确地做事，他们在为别人制造工作，进行的是负效劳动。

事实上——

用正确的方法做正确的事，才是我们要达到的目标；

用错误的方法做正确的事，事倍功半；

用正确的方法作着错误的事，是在做无用功；

用错误的方法做错误的事，无可救药了。

做正确的事就好比射击前的瞄准，正确地做事就是瞄准后再射击。没有瞄准的射击是没有意义的。

彼得·德鲁克在《有效的主管》一书中指出："效率是指'以正确的方式做事'，而效能强调的则是'做正确的事'。效率和效能二者都不可偏废，但这也并不意味着它们具有同样的重要性。我们当然希望同时提高效率和效能，但在效率与效能无法兼得时，我们首先应立足于效能，然后再去设法提高效率。"

在这里，彼得·德鲁克提出了两个概念：效率和效能，分别对应的是正确地做事和做正确的事。在现实生活中，人们关注的重点往往都在于前者：效率和正确做事。但实际上，最重要的却是效能而非效率，也就是做正确的事而非正确做事。正如彼得·德鲁克所说："对企业而言，不可缺少的是效能，而非效率。"

"正确地做事"与"做正确的事"有着本质的区别。"正确地做事"应该是以"做正确的事"为前提的，如果做不到这一点，那么"正确地做事"将变得毫无意义，你即使将事情做得再正确，也是没有任何实际效能的，显然也难以说是胜任的。所以，首先，要保证去做正确的事，然后才存在"正确地做事"的问题。试想，在一个生产型企业里，员工在生产车间，按照质量标准的要求生产产品，如果产品质量、操作行为都达到了规定的标准，说明员工是在正确地做事。但是如果这个产品在设计上本身就存在很大缺陷，根本无法投放市场，或者它根本就没有买主，没有用户，那么，这就不是在做正确的事。这种情况下，无论员工做事的方式方法多么正确，其结果都等于零。

正确做事是必要的，但首先要做到"做正确的事"，这不仅仅是一个工作方法上的先后问题，而且还是一种值得借鉴的重要的管理思想。无论在任何情况下，也无论对任何人或者组织而言，不管是管理者还是普通员工，"做正确的事"都要比"正确地做事"更重要。如果做的是正确的事，即使执行中有一些偏差，其结果也不会一边倒；但如果做的是错误的事情，那么执行地越完美，对团队来说，其危害也就越大。

2. 编排行事优先次序

很多人的工作之所以看上去没有成效，看上去似乎不能胜任，一个重要的原因在于他们在工作中常常会被各种琐事、杂事所纠缠，并被那些无足轻重的事情弄得心力交瘁，而总是不能抽出时间、静下心来去做那些最应该做的事，或者是被那些看似急迫的事所欺骗，根本就不知道哪些是最应该做的事，结果浪费了最宝贵的工作时间，而且看上去还总是忙忙碌碌，但工作效率并不高，效能也不显著。

大量研究认为，在工作中，人们总是依据下列准则决定事情的优先次序：

·先做喜欢的事情，然后再做不喜欢的事情；

·先做熟悉的事，再做不熟悉的事；

·先做容易做的事，再做相对难做的事；

·先做只需花费少量时间便可完成的事，然后再做需要花费大量时间才能完成的事；

·先处理资料完备的事，再处理资料不完备的事；

·先做已规划好时间的事，再做未经规划的事；

·先做经过统筹规划的事，然后再做其他的事；

·先做别人要求自己做的事，然后再做自己分内的事；

·先做紧急的事，然后再做不紧急的事；

·先做充满趣味的事，然后再做单调乏味的事；

·先做容易完成的事，然后再做难以完成的事；

·先做已发生的事，然后做随机发生的事；

……

遗憾的是，如果按照上述各种准则去行事，是难以达到高效工作的。

任何工作都是以实现目标为导向的，在一系列以实现目标为导向的待办事项之中，究竟哪些事项应优先去处理？哪些事项应延后处理，甚至不予处理呢？

对于这个问题，著名管理咨询公司麦肯锡给出的建议是：合理的做法应该是按事情的"重要程度"而不是"紧急程度"去安排做事的优先次序。所谓"重要程度"，也就是相关事项对实现目标的贡献程度。对实现目标贡献越大的事项，通常就越重要，它们越应获得优先处理；对实现目标贡献越小的事情，越不重要，它们越应延后处理。

反观那些低效能的员工，他们在工作中，几乎将80%的时间和精力都花在了"紧迫的事"上。也就是说，人们通常的做事习惯是按照事情的"缓急程度"来安排行事的优先次序，而不是先去权衡事情的"重要程度"。按照这种做事的思维方式，他们经常把每日待处理的事区分为如下的三个层次：

第一类：今天"不得不"做的事（也就是最为紧迫的事）。

第二类：今天"理应"做的事（也就是有点紧迫的事）。

第三类：今天"可做可不做"做的事（也就是不紧迫的事）。

但遗憾的是，在多数情况下，越是重要的事恰恰越不紧迫。如向上级提出改进总体工作方式的建议、对长远目标的规划，甚至个人的健康检查等，往往因其不紧迫而被那些"必须"做的事（诸如工作中的琐碎电话、需要立即完成的各种报表）无限期地延迟了。

所以，要切记一点：做要事，而不是做急事。

3. 分清轻重缓急

人生的每一件事情都跟时间有关。经理人对时间管理这个工具在自己走向成功的历程中，应扮演什么角色是明白的。

时间管理的关键在于提高工作效率，将有限的时间发挥出无限的效果。做到这一点，要坚持要事第一，始终做最重要的事情。我们都有这样一种尝试，常做重要事，紧急事就越少；常做紧急事，紧急事就越多。

根据 20/80 原则，高效能人士都是以分清主次的办法来统筹时间，把20% 的时间用在最有效率的 80% 上。面对每天大小繁复的事情，如何才能分清主次，把时间用在能够带来最大工作成效的地方呢？

有三个判断标准：

第一，什么是必须去做的？这一问题包含两层意思：即这件事情是否必须去做？是否必须由我去做？对于那些非做不可，但并非一定要自己亲历亲为的事情，就完全可以委派别人去做，自己只负责督促和跟进即可。

第二，哪些事情能给我带来最高绩效回报？

一般而言，你应该花费 80% 的时间去做能带来最高绩效回报的事情，而用其余 20% 的时间去做其他"性价比较低"的事情。

第三，什么事情能给你最大的满足感？

同样不如人所愿的一个事实是：那些最高回报的事情，往往并不能给自己最大的满足感，只有物质和精神的均衡才能和谐发展。因此，无论你有多忙，无论你的地位有多高，总需要抽出时间做令你满足和快乐的事情，唯有如此，工作才是有趣的，并易保持工作热情。

通过以上三个标准，事情的轻重缓急就很清楚了。然后，以重要性优先排序并坚持按这个原则去做，你将会发现，再没有其他办法比按重要性办事更能有效利用时间了。

· 具备欣赏力，容忍多样性

来看一名团队领导者的抱怨：

我带的团队有十几个人，其中有四五个是进公司比较早的，资格都比较老，也有刚入职不久的新员工。

A是出纳，工作中总是阴奉阳违，领导已经签字核准支付的款项，她也拖着不付，只等供应商打点之后才肯付，不送礼的就一直压着。她的后台是一名公司副总，他们关系非常好；

B是个二十五六岁的女人，刚结婚不久。性格死板、懒惰、不愿承担责任。她是最早进公司的，在我进公司之前，她曾是部门代经理。我来以后，总跟我过不去，以为是我抢了她的位子；

C是采购人员。人还可以，但办起事来总是一根筋，不够灵活，有时候能被她给活活气死；

D是航务专员，因为航务比较专业，我也没有经验，所以她几乎什么事都是自己做主，从来都不跟我汇报；

E是最近招聘过来的新员工，有学历，没资历，尽管服从管理，但是对工作悟性差，上手很慢；

……

有这样一批员工，让我觉得自己不能充分施展自己的才能，感觉不能带好团队。但我又不甘心。更不愿意在没摆平这些下属之时，另找工作，我希望我能战胜这个职位给我带来的苦恼，但又找不到解决之道。

我们来分析一下，给这位管理者带来苦恼的究竟是什么呢？从上述描述中，能够看出在他眼里所有的下属都是不称职的。他的这种态度或许才是问题的根源所在，不可否认，那些员工看似都有自己的缺点和不足，但责任更多还是出自这位管理者自身，是因为他不懂得去发现员工的优点，缺乏欣赏力。

古语说："士为知己者死，女为悦己者容。"要想让下属成为自己的"知己"，前提一定是先学会欣赏别人。

领导者，欣赏别人的能力显得尤其重要。在管理大师德鲁克看来，最不能做管理者的人是"只注意别人的弱点而不是长处的人，这是狭隘的表现"。其中道理其实并不难理解，如果一个管理者眼中揉不得沙子，满眼望去，尽是下属的缺点与不足，那么不仅作为其下属的员工会感觉很痛苦，他们本人也难以寻觅到自己事业的左膀右臂，不会有真正的帮手替自己分担。

"这个世界上没有废物，只不过是放错了位置"，拿破仑的这种欣赏力，造就了他那支所向披靡的军队。

团队管理者需要有辩证的思维，需要具备相当的"欣赏力"，容忍多样性。有时候我甚至主张一些团队管理者要用恋人的眼光去看待下属，不要只盯着其缺点不放，因为一个人的缺点往往暗示着他的优点：

与其讨厌一个人的急性子，不如欣赏他的行动力；

与其讨厌一个人的强势，不如欣赏他的决断力；

与其讨厌一个人说话绕弯，不如欣赏他的思维缜密；

与其讨厌一个人行动缓慢，不如欣赏他的仔细和耐心；

……

换一个角度去看人，你会发现员工都是可用之人。

在德国管理界有一句名言："垃圾是放错位置的人才"。真是一语道破天机，你会不会用人，关键看你把员工放在什么位置上，让他去做什么事，只要他在这个位置上能够做好，能做出成绩来，那才称得上会用人。

通常，垃圾是人们认为没有用处的物品，但如果你能发现其他妙处，垃圾就会变废为宝。从这个角度看用人，就是人要用对了位置，才是人才，否则人才也可能因为放错了位置，而成了垃圾。这个道理说明：

·无论是人才，还是垃圾，首先要做的是辨别出他们各自的特性；

·应按照不同的岗位要求，把人才和垃圾归类，以便把他们安排在相应的位置；

·无论在任何岗位，都要尝试着去把人才和垃圾用好，不要顾此失彼。

同时，还有几个问题值得管理者们去思考：

·所谓人才，是根据团队内的岗位需要而言的狭义意义上的人才，否则，你不需要的人才，难道就不是人才了？

·当你暂时找不到优秀的人才时，我们是去找垃圾，还是要继续去探寻找到人才的途径？

·我们靠什么去甄选人才和垃圾，是依据科学的工具，还是凭借主观的印象？

·有时候，我们会把人才配置错了位，会不会也存在把垃圾当成了人才使用的可能？

·同样是生活中的垃圾，为什么还要进行可回收、不可回收的分类？用人过程中的分类管理其目的又是为了什么？

·从物品引申到人岗匹配，是否应该只存在人岗的匹配名称，而不应该存在人才、垃圾的贵贱之分？

只有你去认真考虑好了这些问题，才能在管理过程做到物尽其才，人尽其用，才能真正发挥人才应有的作用，实现自身的价值，让每个员工都尽可能找准自己的位置。

·做团队的动力中心

做好管理工作，需要知道这样一个公式：

工作绩效 = 个人能力 × 工作动力

分析这个公式，在员工个人能力不变的前提下，要想提升他们的工作绩效，就要增加其工作动力，而工作动力的大小则取决于激励的有效程度。

"水激石则鸣，人激志则宏。"这就是激励的意义所在，它是用来缩短实际状况与渴望的理想状况差距的一种管理工具，能够引导他人以特定的方法，朝着激励着设定的目标推进。

激励是一项重要的管理职能，也是一门高超的管理艺术，掌握了它，就能在人们心田里点燃热情之火，激发出员工高昂的士气和潜在的战斗力。

一项对职业人士的调查结果却显示，有73％的雇员表示，如今的激励比过去更少；84％的人认为，只要他们愿意，就可以获得更显著的成绩；最让人吃惊的是，50％的工人说，他们只付出了保住职位所需要的那点努力。

由此可见，蓬勃的工作动力和热忱不是人人都有的。你可以买到一个人的时间，你可以雇一个人到固定的工作岗位，你可以买到按时或按日计算的技术操作，但你买不到真正的敬业，你买不到创造性，你买不到全身心的投入，你不得不通过激励去争取这些。

管理者要致力于使自己成为团队的动力中心，成为激发团队激情和团队绩效提升的发动机。

激励，是一项重要的管理职能。不少管理者并不善于此道，认为自己可用的激励手段，除了要要嘴皮子，对下属称赞几句，就再也找不出其他有效的方法了。他们之所以对激励怀有如此态度，是因为：

首先，认为自己没有财权。在他们眼里，激励往往意味着金钱，意味着物质奖励，自己作为小小的团队一把手，在这方面显然没有足够的话语权；

其次，自己也没有足够的权限。他们看来，对员工最好的激励方式莫过于晋升，让他们到更大的舞台上展示自己，可他们同样没有这种权利；

再者，员工是否激情昂扬，充满干劲，和企业组织的整体大环境以及文化氛围是密切相关的，而这些东西同样是他们撼动不了的，这是一些中基层团队干部经常找的借口。

听起来，这些理由似乎很充足，也说得头头是道。然而，我不得不为这些管理者泼一盆冷水，因为作为管理人员，应该更能领会"不在其位，不谋其政"这一古训的现实意义。既然自己没有担任高层的管理职务，那就不要去过问这个职务范围内的事情。因为，你是一个团队管理者，可能无法去左右那些由高层负责的诸如企业文化建设、企业奖励制度、员工职业发展、晋升、员工持股、加薪、福利等激励措施。所以，如果你时刻瞄准的是这些在自己职权范围之外的激励手段，那么你心中的失落与无能为力自然也就难以避免了。归根结底，这种一种心态问题，也可以说是你们未能给自己进行一个合理的定位。

对于激励，首先不要再去考虑什么金钱福利，事实上金钱也无法起到持久的激励作用，早在30年前，赫茨伯格就对金钱和激励之间的密切关系提出了质疑。在他看来，与工作满意相对的不是不满意，而是缺少满意感。赫茨伯格发现，真正能够激励员工的因素有很多，即使金钱算作是一项激励因素，也只是位于很多激励因素之后，在所有因素中仅列第六而已。他指出，提供额外奖金或者其他奖励，只能在短期内激发起员工的斗志，但无法实现长期的激励。

且不说金钱激励本身的有效性，只要你有心，你会发现可供自己所用的金钱以外的激励方法还有很多，它们主要体现在细微之处，而且更为人性化，例如表扬、道贺、感谢、创造和谐的工作氛围、减少批评和指责等等。

总之，一句话，应在自己的职责范围内去积极发掘一些可以拿来为我所用的激励措施。要让下属动力十足，可以从以下几个方面入手：

第一，向他们描绘远景。领导者要让下属了解工作计划的全貌，看到他们自己努力的成果，员工愈了解公司远景，自己的心气和积极性也就越高，也越能专心投入工作。

第二，授予他们的权力。授予不仅仅是封官任命，领导者在向下属人派工作时，也要授予他们权力，这样能给他们一种"独挑大梁"的责任感。

第三，培养团队精神。团队的力量是无穷的，精神的力量是不可战胜的，用团队精神来统一大家的思想和行动，能收事半功倍之效。

第四，设立团队总目标和个人小目标。团队总目标能让员工心潮澎湃，个人目标则会让他们脚踏实地。

第五，活用各种激励措施。只要你有心，你会发现可供自己所用的激励方法有很多，它们主要体现在细微之处，而且更为人性化，例如表扬、道贺、感谢、创造和谐的工作氛围、减少批评和指责等等。总之，一句话，管理者应该置身自己的岗位，在自己的职责范围内去积极发掘一些可以拿来为我所用的激励措施，如：

·不断认可员工的工作。杰克·韦尔奇说："我的经营理论是要让每个人都能感觉到自己的贡献，这种贡献看得见，摸得着，还能数得清。"当员工完成了某项工作时，最需要得到的是上司对其工作的肯定。上司的认可就是对其工作成绩的最大肯定与激励。

·善于给员工戴"高帽子"。所谓戴"高帽子"，是为那些工作成绩突出的员工颁发一些光芒四射的荣誉称号，以表示公司对其工作的认可，让员工知道自己是出类拔萃的，这样能进一步激发他们工作的热情。

·进行"一对一"的指导。管理者的亲身指导是一种很实用的激励方法，如果你给予员工"一对一"的当面指导，就不仅帮助员工提升了工作技巧，更代表了你重视他、关心他。

·多进行员工集体活动。不定期的员工聚会可以增强员工的凝聚力和归属感，同时反过来也有助于增强团队精神，营造一个积极向上的工作氛围，从而对员工起到一种间接的激励作用。

·诱导比强迫的效果好。管理者应该更多地利用诱导的激励方式去对待员工，这比一些强制性手段要好得多。

·团队管理：因人而异、因地制宜

一个团队中，总会有不同类型的员工：有的认真负责，有的敷衍了事；有的积极上进，有的不思进取；有的朝气蓬勃，有的暮气沉沉；有的开朗活泼，有的沉默寡言……对他们同样要采用分类管理的方法，不可"一视同仁"，否则，忽略了员工个体上的差异，去进行"一刀切"式的管理，只会降低他们的胜任力。

管理，简而言之，其实就是管人，管人没有固定的方法，要因人而异，面对的员工不同，管理方法也就不同。

管理就像流水一样，常流长存，静止则死。"常流"的一个关键在于，要对员工进行分类管理，管理要因人、因阶段而异。

1. 分类管理和"一视同仁"可以并行

提到分类管理，有些管理者或许会问："现在不是提倡要对员工一视同仁吗？对他们进行分类管理，岂不违背了这一初衷？"

其实，你完全不必有这种担心，因为"一视同仁"和"分类管理"本就是两个层面上的问题，他们可以并行不悖地同时运行。

一视同仁，是就制度层面而言的，它表现在以下几个方面：

首先，制度的制定不会考虑人的差异；

其次，是一旦制度颁布，就必须具有企业的"法律效力"，必须强制执行，在制度面前人人平等；

再者，员工如有违犯，无论是谁都要给予处罚。所以，一视同仁是企业制度管理层面的一条法则。因人而异，则是就管理的操作层面而言。各级管理人员，在遵守制度、执行纪律时，则应该因人而异，采取各种不同的有效方法，达到管理的目的。

如同样是批评员工，既可以采取公开的方式，也可以在私下进行。具体情况要具体分析，要做到因人、因事而异。同样，奖励也有很多种方法，既要有物质奖励，也要有精神奖励，具体采取什么方法，也要因人而异。无论奖励还是处罚，在操作时，都要做到因人而异，这样才能突出效果，达到管理的目的。

胜任的管理者，就是在实践中能够既坚持一视同仁又坚持因人而异，刚柔相济，相得益彰。

2. "波士顿矩阵"分类管理法

波士顿矩阵是一种得到广泛运用的战略管理工具，它有助于管理者建立资源分配决策的优先目标。在管理学界，有学者还从这一视角出发开发出了员工管理的波士顿矩阵，而借助波士顿矩阵，可将团队的所有员工分为以下四类：明星类员工、问号类员工、金牛类员工和瘦狗类员工。

第一，明星类员工：贡献大、控制力强，包括技术研发人员和市场开发人员等。

第二，问号类员工：贡献大、控制力弱，比如那些战略部门的员工。

第三，金牛类员工：贡献小、控制力强，公司的秘书、办事员、行政服务人员、车间操作工等都属于问题类员工。

第四，瘦狗类员工：贡献小、控制力弱，如，那些由于外包业务形成的后勤人员、保洁员等。

根据以上分类，管理者可以对每一类员工施以不同的管理措施：

第一，对于明星类员工，要为他们提供富有挑战性的工作，创造良好的工作环境，建立公平合理的薪酬制度以及顺畅的晋升制度，这样才能提高他们的工作满意度和忠诚度，提高他们的主人翁意识；

第二，对于问号类员工，同样要给他们提供良好的工作环境，给他们更多的信任，在必要的情况下要为他们提供更多的帮助与支持，比如为他们提供培训机会，提供沟通、交流的平台等；

第三，对于金牛类员工，要把他们视为主旨的"内部顾客"，既然是顾客，那么就要想方设法通过各种措施去让他们满意；

第四，对于瘦狗类员工，可以通过市场机制和规范的合同来进行管理。

3. "因人而异，因地制宜"的情景管理法

所谓情景管理法，就是在带领员工和团队时，不能采用一成不变的管理方法，而要视情况和环境的改变及员工的不同，而改变自己的领导和管理方式。其核心就是要——因人而异，因地制宜。这种情景管理法可以具体到每一个员工身上，根据赫塞博士的观点，员工的成长过程分为四个阶段：

第一阶段："既没有信心，也没有能力"的阶段；

第二阶段："有信心，但没能力"的阶段；

第三阶段："没信心，但有能力"的阶段；

第四阶段："既有信心，也有能力"的阶段。

通常，对于新员工，其工作状态基本上都是"既没有信心，也没有能力"，但经过管理者的指引和带领，就可以将员工带入"有信心，但没能力"的第二阶段。而当员工逐渐能胜任工作，到达一个"有信心，但没能力"的阶段时，管理者就应该考虑开始给员工安排工作了，让其独立行动，但在独自执行任务中，员工会遇到各种问题和障碍，很容易失去信心，于是他就进入了"没信心，但有能力"的第三阶段。如此反复多次，再加上上级的正确引导，最后这名员工会一步步走向成熟，当你判断他到了"既有信心，又有能力"的第四阶段后，那么，就可以考虑充分授权给此员工了，因为此时他的胜任力已经足够强了。

在上述不同阶段，显然管理者要分别采取不同的管理方式：当员工处在第一阶段时，应该采取"指引式"的管理来引导并指示员工；当员工在

第二阶段时，要重点去解释工作从并劝服员工；而当员工在第三阶段时，管理者就要发挥自己的作用了，要积极帮助员工解决问题；如果员工到了第四阶段，则要采取"授权式"管理，来将工作真正交付给员工，管理者只需作监控和考察的工作就可以了。

·管理就是管意外：任何系统都有意外

有人认为管理者有不同的层级，可分为四个层次：

四流管理者：自己干，下属没事干；

三流管理者：自己干，下属就会跟着干，自己不干，下属也不干；

二流管理者：让下属去干，自己不干；

一流管理者：让下属拼命干，自己不干。

这种看法有一定的道理，但我认为如果再对它们进行更深度的阐释，或许更能反映现实，这也就引出了笔者的观点：

四流管理者：他过于关注实务，具有执行人员意识。这些管理者，着重需要进行管理者角色意识的强化，即强化自己的领导职能，而不是将过多时间用于实务上；

三流管理者：只是公司高层指令的一个传递媒介，没有自己的主见，只会去监督员工。这种管理者需要强化对管理流程业务的熟悉，以及主导思维的打造；

二流管理者：能够领受任务，制定相应的计划并努力去达标目标。这种管理者，如果能顺利达成任务目标的话，应该说是已经不错了。但为什么还只是二流呢？就是因为他们时常不能达标。这就需要管理者要实现由管理到领导的转变，因为管理者是需要借助员工来完成任务的，因此需将重点放在"人"上，放在对"人"的领导上；

一流管理者：有着深厚的领导意识和使命感，他们为创造更好的业绩，勇于承担责任，想方设法去解决问题。这种管理者，知道自己的存在理由就是为组织创造价值，所以他们能为更好的业绩而努力，这是使命感的力量。同时，他们也具有系统性的格局，在他们的眼里，既有人，又有事，他能够将生存（人事匹配、完成基本任务）与发展（人才培养与业绩提高）很好地结合起来；在他的眼里，既有例行事务，又有例外事务，他总是能将主要精力与时间放在处理例外事务上，善于进行例外管理，而对于例行事务则充分授权，只有当系统出现意外时，再进行介入。

管理大师泰勒提出的"例外管理"，是指最高管理层将日常发生的例行工作，拟就处理意见，使之规范化（标准化、程序化），然后授权给下级管理人员处理，而自己主要去处理那些没有或者不能规范化的例外工作，并且保留监督下级人员工作的权力的一种管理制度或原则。实行这种制度，可以节省最高管理层的时间和精力，使他们能集中精力研究和解决重大问题，同时使下属部门有权处理日常工作，提高工作效能。

我理解的例外管理就是：团队管理人员把一般的日常事务授权给下级人员去处理，自己只保留对例外事项（即重要事项）的决策和监督权，如有关重大政策的决定和重要人事的任免等。

有这样一个典故：

汉朝有一位名叫丙吉的宰相。一天，他外出巡视，先是看到一起杀人案，但他并没有理会，也没去过问。后来，他又发现一头牛在路边气喘吁吁个不停，他却立即让随从停了下来，找附近的农夫仔细探问，刨根问底。

左右的人看了感觉很奇怪，问他为什么放着人命关天的大事不去关注，却去了解一些芝麻蒜皮的小事。丙吉说："路上出现杀人命案，地方官吏自然会去管，不必我去过问；而牛喘气异常，则可能说明该地发生了牛瘟或是其他的有关民生疾苦的问题，这些事情地方官吏一般又往往不太注意，因此我要查问清楚。"

这个典故是耐人寻味的，那起"杀人命案"我们可以视之为例行事件，而牛喘气不已，则是一个例外事件。事实上，汉代的这名宰相推行的例外管理。对于"杀人命案"，其处理已经制度化、流程化，会有专门的部门和人员来办理，丙吉作为宰相，自然无需去过问这种例行事件。相反的是，牛喘气作为一种偶发性例外事件，由于缺乏制度化、流程化的解决方式，而且没有专门负责的组织机构，就容易被忽视而造成严重的后果，因此，丙吉才对之非常重视。从这一点看，丙吉确实不愧是一名贤相。

所以说，管理，不同其他工作，并不是做得越多、管得越多越好，管理的关键是抓好两件事——违规和例外。不论身处什么管理岗位，如果你感觉自己管得越来越多了，那就说明你的管理出问题了，管理越多，资源配置的效率和管理效果就会越低，最高水平的管理是少管、只管例外，是无为而治。

系统制胜：变革管理，管理就是管意外

◎化繁为简。如何使纷繁复杂的管理变得简单而又有效率，核心就是在团队中形成一种自然秩序。

◎提升团队规划力。

规划力是团队领导者需要具备的一项重要的能力素质，它对于团队的合理调度、加快工作进展、提高工作效率是十分有效的，能够推进团队管理工作的规范化进程。

◎时间管理，是管理者和团队卓有成效的前提，管理不好时间，一切都是空谈。

◎具备欣赏力，容忍多样性。

在管理大师德鲁克看来，最不能做管理者的人是"只注意别人的弱点而不是长处的人，这是狭隘的表现"，团队管理者需要有辩证的思维，需要具备相当的"欣赏力"，容忍多样性。

◎做好团队的动力中心。

在员工个人能力不变的前提下，要想提升他们的工作绩效，就要增加

其工作动力，而工作动力的大小则取决于激励的有效程度。

◎团队管理：因人而异、因地制宜。

管理就像流水一样，常流长存，静止则死。"常流"的一个关键在于，要对员工进行分类管理，管理要因人、因阶段而异。

◎管理就是管意外：任何系统都有意外。

在一流团队管理者眼里，既有例行事务，又有例外事务，他总是能将主要精力与时间放在处理例外事务上，善于进行例外管理，而对于例行事务则充分授权，只有当系统出现意外时，再进行介入。

6.

高效率系统

·让优秀成为习惯：充分发挥分配制度的激励作用

马云说：员工的离职原因很多，只有两点最真实：

第一，钱，没给到位；

第二，心，委屈了。

这些归根到底就一条：干得不爽。员工临走还费尽心思找靠谱的理由，就是为给你留面子，不想说穿你的管理有多差、他对你已失望透顶。作为管理者，定要乐于反省。

带团队，你得时刻问自己，人家为什么要跟着你混？

一个领导者，一个团队带头人，要给员工创造四种机会：赚钱的机会、做事的机会、成长的机会、发展的机会！

赚钱的机会，应排在第一，你必须要给员工足够的养家糊口的钱，让他们在工作中得到实惠，在此基础之上，再谈其他，否则整天讲什么"授人以鱼不如授人以渔"都是糊弄人的鬼话。

在任正非眼中，华为是"三高"企业（高效率、高压力、高工资），他坚信，高工资是第一推动力，重赏之下才有勇夫。

领导带团队，要有分钱的意识，给大家打造一种"发财"的机制，让大家能挣到钱，得到发展，这样，才能一呼百应，应者云集，合理的分配机制能让团队成员自动变得优秀起来。

分配机制是一家公司的核心机制，要由老板和中高层来商定。在制定分配机制之前，相关参与人务必要弄清以下几个问题：

第一，企业价值是什么？

第二，谁为企业创造了价值？只有价值的创造者才有权利分享企业价值；

第三，如何对企业价值做出评估？评估原则要能够反映企业的价值导向和发展战略，换句话说，它会决定企业要求内部价值创造者应该往哪个方向努力；

第四，如何分配企业价值？分配的基本原则是——要兼顾外部公平、内部公平、自我公平。

只有处理好这四个问题，才有可能真正发挥分配制度的激励作用。

老板是火柴，员工是汽油，当火柴遇见汽油才会燃烧产生能量。这里就介绍几个能充分激发员工正能量的分配制度：

一、增加式分配机制

1. 困境：企业业绩徘徊不前，很难提升，老板干着急，员工不上心。

2. 原理：员工付出正常努力只能收获正常收入，如果付出超长努力，则可获得超额回报。

3. 实操：设定一个任务基数，超出基数的部分，按一定比例提取给当事人。

4. 备注：

（1）分成给员工的部分，超出部分纯利润的比例越高，越能激发员工积极性和干劲；

（2）最好是每天分配，当然是财务记录层面的；

（3）此机制适合所有企业；

（4）老板必须心胸开阔，要具有大格局，敢于分钱。

二、减少式分配机制

1. 困境：企业运营成本居高不下。每个人只关心自己的一亩三分地，对整个企业组织的责任心缺位。

2. 原理：用分配机制来提升运营效率，降低成本，末位淘汰。企业里面，缺的不是人才，而是出人才的机制。

3. 实操：

（1）设定一个成本基数，将每月成本降低部分，拿出一定比例分配给当事人。

（2）就某一团队、某一项目组定下一个人员基数，让其内部优胜劣汰，把省下的淘汰人员底薪，提取一定比例分配给留下的人员。

（3）对于初创公司，设定一个收支平衡的时间表，然后把少亏损部分，按一定比例分配给团队。

4.备注：

（1）成本降低部分应拿出至少一半用来激励员工；

（2）此机制适合所有企业、团队。

三、彩票式分配机制

彩票为什么这么火？

因为可以以小搏大；

兑奖方式简单；

及时兑现；

1.困境：优秀的员工得不到对等的待遇，找不到优秀的感觉，以致人才被埋没，甚至跳槽。

2.原理：让优秀成为一种资本，可一次获得超常回报，激励员工不断追求卓越。

3.实操：

操作1：设置业绩标准，对当月业绩排名第一的员工，给予一个超长大奖；

操作2：每月公开评选出技术或者服务领域的第一名，给予重奖；

操作3：设立金点子工程——在成本控制、流程再造、技术创新等方面设立大奖。对建议、发明主体，经过公司专家组审核评估后，将由此建议产生的利润，提取一定比例奖励当事人。

4.备注：

（1）所设立的奖项必须足够诱人，能让员工燃烧激情，为此一搏。

（2）奖励要即时兑现。

（3）此机制适合所有企业、团队。

四、按揭式分配机制

1. 困境：

优秀员工在独当一面之前，或是在被重用之前，很容易离职。

2. 原理：用未来的筹码来换取员工今天的努力，留住人才，互惠双赢。

3. 实操：

（1）给相应级别（或做出一定贡献）的员工提供车辆和住房，只要员工为公司服务满一定期限（5 年、10 年），公司就将房、车所有权移交给员工个人。

（2）承诺在公司工作满一定年限后，可以额外多得相应数额的薪金。

（3）在公司服务一定年限后，且能独当一面，可许诺给予相应数额的股份，或让其管理分公司、分店。

分配制度是最核心的激励措施，打造分配机制的核心目的，并不是让员工变得唯利是图，对得失斤斤计较，而是要营造一个公平公正的组织氛围，让员工能够分享到公司发展的成果。

·人人考核，事事考核

《谁说大象不能跳舞》一书的作者、IBM 首席执行官郭士纳说过："如果你强调什么，你就检查什么，你不检查就等于不重视。"

你希望你的员工做什么，你就检查什么。做好检查的关键在于建立一种检查的机制——绩效管理体系和绩效考核制度。

绩效管理，是指团队成员为了达成团队目标，而共同参与的绩效目标制定、绩效辅导沟通、绩效考核评价、绩效结果应用、绩效目标提升的一个持续性循环过程，进行绩效管理的目的是为了持续提升团队和个人的绩效。

绩效考核，是一种正式的员工评估机制，旨在通过系统的方法、原理和工具来测量评定员工在职务上的工作行为和工作效果。

值得注意的是，绩效考核是绩效管理的一个构成环节，绩效考核实际上反映的是过去的绩效，而绩效管理更强调通过管理的手段来提升未来绩效。也就是说，绩效考核是进行绩效管理的一项工具，绩效管理离不开绩效考核。不过，绩效管理要实现行之有效，务必要将绩效考核纳入到整个绩效管理体系和制度中去，才能对绩效进行有效的监控与管理，进而实现绩效管理的目的。

图 6.1 绩效管理的循环

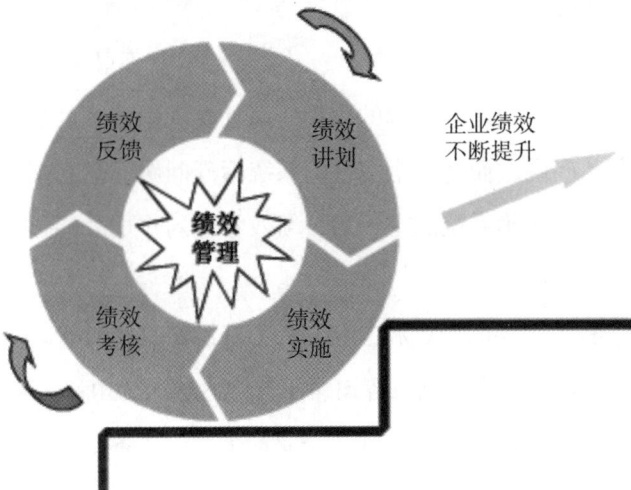

B 公司是一家民营纺织企业，企业经营中存在一系列让人头疼的问题，如生产线经验不足，产品合格率低，生产成本居高不下等。公司总经理决定开始实施绩效管理，并将绩效管理方案的设计、实施、改进等全过程交由人力资源部负责。

总经理在决定实施绩效管理初期主持了几次会议，之后由于工作忙就没有再参与其中了。半年过去了，他发现企业生产力并未得到提升，反而出现了更多意想不到的问题：员工积极性下降，企业文化混乱，上下级产生冲突等。

这名总经理觉得很困惑：为什么很多管理专家向他大力推荐绩效管理，在自己公司中怎么发挥不到其应有的作用？

其实，B公司推进绩效管理本身没有错，错的是推进的方式不对，最大的症结在于责任定位不清晰。在该公司总经理看来，绩效管理只是人力资源部的工作，因此理当以人力资源部为核心来推进，而总经理只是简单下了个指示，剩下的所有工作都交给人力资源部去做，做得好不好也由人力资源部来承担责任，这是该公司绩效管理不到位的一个关键因素。

事实上，绩效管理是一项系统工程，涉及企业的方方面面，仅仅依靠人力资源部是难以担此重任的。

首先，企业高层的支持与鼓励，是实施绩效管理最为重要的一个方面。高层领导不仅要重视绩效管理的作用，而且要意识到绩效管理绝非一个简单的人力资源问题，而是一个综合的系统管理问题。只有高层领导者觉悟并在全体员工中明确系统的主旨后，绩效管理的作用才能逐渐突显，发挥出重要的作用。

其次，有了高层的授意和参与，人力资源部在绩效管理实施中主要扮演流程制定、工作表格提供、咨询顾问与传达培训的角色。

最后，绩效管理的推行，则要企业各个部门、各个层面的全力配合与参与。

绩效考核不是孤立存在的，团队实施绩效考核，应当从绩效管理的角度来重新认识绩效考核的实施和作用。绩效管理是一个完整的系统，它应该包括计划绩效、管理绩效、评估绩效和反馈绩效四个环节：

表 6.1 绩效管理的四个环节

环节	内容
绩效计划	它是整个绩效管理过程的起点，管理者和员工需要经过一起讨论，制定绩效目标，就员工将要做什么、需要做到什么程度、为什么做、何时应做完等问题进行识别、理解并达成协议。
绩效管理	由管理人员和员工进行持续的绩效沟通，发现问题及时解决，帮助员工提高个人绩效，是在整个绩效期间内一直进行的。
绩效评估	选择合理的考核方法与衡量技术，对员工进行考核，是在绩效时间结束时进行的。
绩效反馈	进行绩效考核面谈，对绩效改进进行指导，实现报酬反馈，也是在绩效时间结束时进行的。

在公司总体绩效管理思路的指导下，公司各团队、部门、员工都应制定自己的绩效目标。在绩效考核和绩效管理过程中，各团队、部门、员工可以及时发现本部门出现的问题，在问题尚未造成损失的情况下就及时找出原因予以解决，从而保证完成本部门及相应个人的绩效目标。当每个员工、部门都完成了自己的绩效目标时，企业的总体绩效自然就会很好，在同等市场环境下的竞争中，企业也将会始终立于不败之地。

在落地上，企业绩效考核指标应该覆盖到所有团队、每一个管理层级和所有员工身上，且要覆盖到每一项工作上，做到"人人要考核，事事要考核"，具体到员工个人，绩效考评操作流程如下：

图 6.2 员工绩效考核操作流程

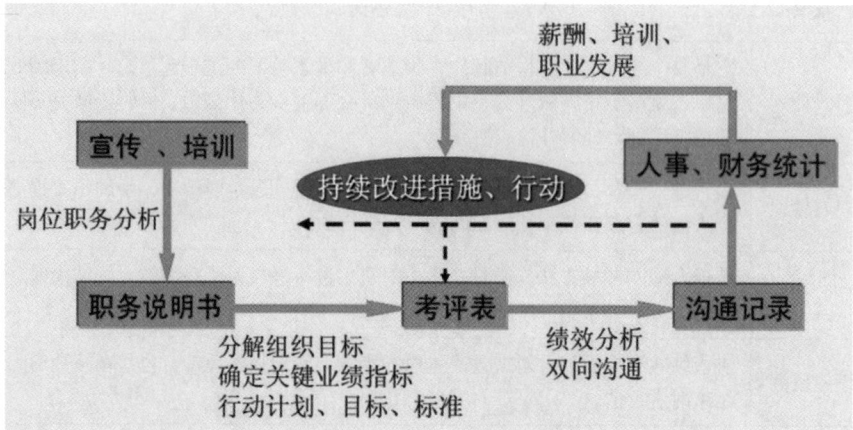

·绩效考核目标要量化

德鲁克说过"如果不能衡量，就无法管理"。绩效考核指标是绩效管理的基础和依据，是所有工作的出发点，所谓差之毫厘，谬以千里，若考核所选指标有问题，那由此导出的结果必然有问题。

为了激励员工，某销售团队决定实施绩效管理。领导四处征求意见，决定采用很多企业广泛使用的"月度绩效考核"方法。谁料，该方法实施一个月后，员工的积极性不仅未见提高，反而原先表现积极的员工也不积极了。最后递交上的考核结果也日趋平均，甚至有的小组给每个员工打了相同的分数。整个团队的人际关系也变得有些微妙，没有以前和谐了，同时员工的离职率也开始攀升。

团队领导觉得很困惑：不都说绩效管理好吗？为什么我的"月度绩效考核"得不到一个好的效果，反而产生那么多负面影响？

从考核结果看，由于有些工作的评估难以实现量化，因此上级在给下级作业绩评估时，难免会加入一些主观色彩和个人喜好，导致评估结果的不公正，难以让人信服。从公平理论的角度来看，员工喜欢将自己的投入和所得相比较，也喜欢将自己的投入所得与周围其他员工进行比较。不论是前者还是后者，在比较过程中只要出现不平衡，就会滋生不公平感和不满。因此积极性受挫，心生不满，甚至离职。导致绩效考核的效果适得其反。

我们说绩效考核是绩效管理的重要环节。在实践中，也是团队管理最重视的环节，但是结果并不理想。绩效考核处于无效或低效状态，原因主要有以下几点（见下图）：

图 6.3 绩效考核效果不佳的原因

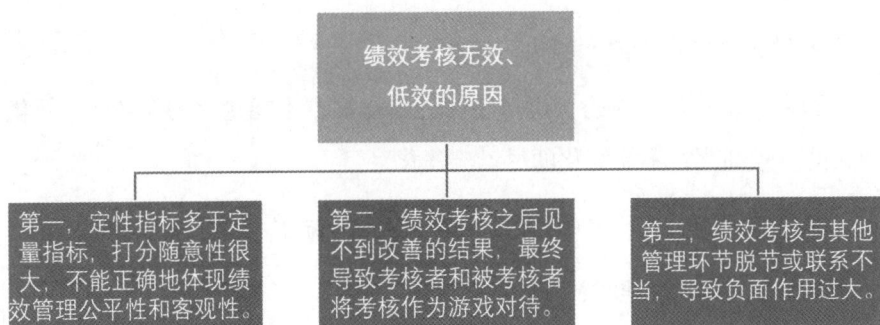

```
        ┌─────────────────────┐
        │   绩效考核无效、      │
        │   低效的原因         │
        └─────────────────────┘
```

第一，定性指标多于定量指标，打分随意性很大，不能正确地体现绩效管理公平性和客观性。

第二，绩效考核之后见不到改善的结果，最终导致考核者和被考核者将考核作为游戏对待。

第三，绩效考核与其他管理环节脱节或联系不当，导致负面作用过大。

绩效考核是衡量员工工作成果的最常用手段，要做到考核指标的高度量化，用数字做管理，具体可通过一些科学合理的计算方法，使结果更客观、公平、公正、易操作，还能及时反映出工作任务的进度，及时调整和改进。

1. 绩效目标的衡量标尺

设计绩效目标、绩效指标必须有标准，有衡量尺度，衡量标准有四个维度：

具体来说，对定量的目标，可以多从数量、成本等角度进行衡量，如招聘人员的数量、检查次数等；对于定性的目标，可从质量、时间的角度去考虑，如人员对职能部门服务的满意程度，可以通过人员投诉率、服务及时性来表示；方案起草的好坏可以运用通过率来表示，方案是一次通过还是数次被通过等。

图 6.4 绩效目标衡量的四个维度

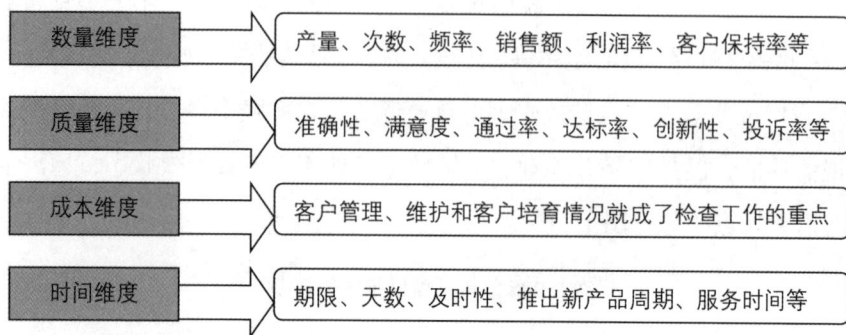

数量维度	➤	产量、次数、频率、销售额、利润率、客户保持率等
质量维度	➤	准确性、满意度、通过率、达标率、创新性、投诉率等
成本维度	➤	客户管理、维护和客户培育情况就成了检查工作的重点
时间维度	➤	期限、天数、及时性、推出新产品周期、服务时间等

2. 绩效考核指标的"四化"标准

所谓"四化"，是指"能量化的尽量量化；不能量化的先转化；不能转化的尽量细化；不能细化的尽量流程化"。

表 6.2 绩效考核指标的四个标准

标准	适用性	解读
能量化的尽量量化	团队很多工作都可以量化，可以直接量化	如培训工作，可以用培训时间、培训次数来衡量；制度工作，可用制度制定的数量、违反次数来表示。
不能量化的先转化	有些不能量化、比较笼统的工作可以进行转化	如提高质量水平、抓安全促生产等，针对这些工作，可以通过目标转化的方式来实现量化，转化的工具就是数量、质量、成本、时间等元素。
不能转化的尽量细化	某些岗位来说，工作繁杂琐碎，无法确定其工作核心是什么，不好量化，而且量化了也不一定做到全面、客观。	办公室主任、行政人员、内勤等。碰到这种情况，我们可以采取目标细化的方式：首先对该职位工作进行盘点，找出该职位所承担的关键职责，然后运用合适的指标进行量化。这样，经过细化的指标就基本上能够涵盖其主要工作。
不能细化的尽量流程化	有些岗位，工作比较单一，这种工作用量化、细化都无法准确衡量其价值，如打字员：其工作就是天天打字，有任务就做，类似的工作还有会计、培训专员、监察员等。	这种工作，可以采用流程化的方式，把其工作按照流程分类，从中寻找出可以考核的指标。如打字员工作流程：接稿打字排版交稿，针对每个流程，我们都可以从多个维度来衡量，对评价标准我们还可以列出相应等级。如果考核的话，就由其主管按照这些标准征询其服务客户意见进行打分评估。

不过，绩效考核不是什么工作都可以量化的，如果一刀切的硬性量化，就会出现僵化。不过，不能量化的工作也要进行考核，这类考核由于没有量化指标，就叫做定性考核，也叫质化考核、职能考核、功能考核、效能考核、定性考核等等。考核的对象主要就是那些职能性的部门和人员，比如办公室、人力资源部等等。

定性考核的主要内容包括：

图 6.5 定性考核的六项内容

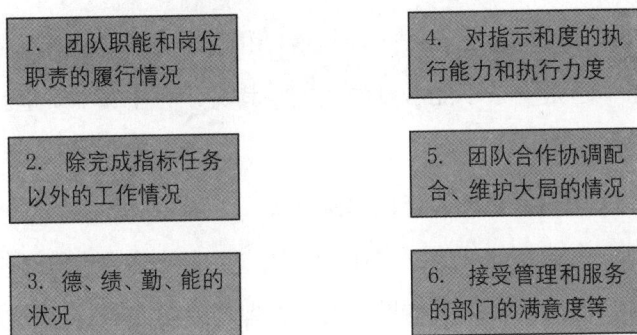

1. 团队职能和岗位职责的履行情况	4. 对指示和度的执行能力和执行力度
2. 除完成指标任务以外的工作情况	5. 团队合作协调配合、维护大局的情况
3. 德、绩、勤、能的状况	6. 接受管理和服务的部门的满意度等

定性考核方法一般多以公开述职和民主评议的方式进行。在述职中和评议中，也可以采用表格的方式进行打分。

·结果导向与结果意识

执行力实质是指通过一套有效的系统、体系、组织、文化或技术操作方法等把决策转化为结果的能力。

所谓执行，就是把目标（预期结果）变成结果（达成结果）的一系列行动。

图 6.6 执行的本质

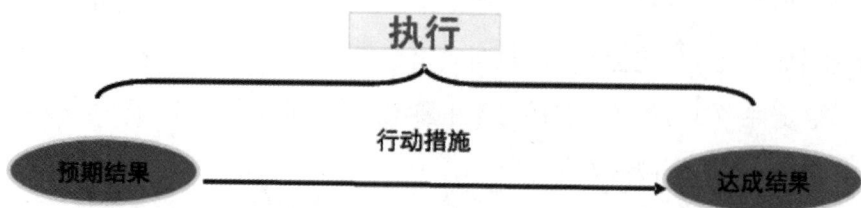

执行的目的就是要创造结果，创造业绩，团队要的结果，是利润最大化或与利润最大化相关的结果，没有结果的执行没有任何意义。可以毫不夸张地说，达成结果是企业团队的商业底线。

企业要靠结果才能生存，不能靠借口和理由生存，没有结果，企业就是死路一条，这是一条不能触碰的底线。其实，商业的本质也就是结果的交换。

1. 让员工明白自己的工作结果是什么

企业是一个典型的"成王败寇"的地方，企业管理也就必须以成败论英雄。所以，管理就必须用结果说话，管理者就必须对自己的结果负责。管理实践中，我们经常见到很多人最怕的就是整天兢兢业业、勤勤恳恳，两眼一睁忙到天黑，但却没有结果。

所以说，一定要让所有团队员工都认识到自己工作的结果是什么。若想真正建立强大的执行力，必须在组织内倡导结果文化，任何事情都以结果说话。没有利润的企业是社会的负累，没有创造好结果的员工是负债员工，卓越的团队依靠的是为国家和社会创造最大价值而不断发展的。任何企业的发展，只与其创造的结果及价值有关。简单来说：

销售是任务，创造利润是结果；

采购是任务，满足生产是结果；

培训是任务，获得提升是结果；

施工是任务，客户满意是结果；

生产是任务，产品合格是结果；

品质管理是任务，质量合格是结果；

安全生产是任务，不出事故是结果；

设备维修是任务，保证运转是结果；

成本核算是任务，控制成本是结果。

2. 以结果为导向的团队文化

在团队内倡导结果文化，对任何事情都以结果来衡量。没有创造利润的企业没有存在的必要，没有创造好结果的员工也没有价值。任何企业的发展，只与其创造的结果及价值有关。

具体说来，结果导向有以下几层含义：

·以达成目标为原则，不为困难所阻挠；

·以完成结果为标准，没有理由和借口；

·在目标面前没有体谅和同情可言，所有的结果只有一个：是，或者非；

·在具体的目标和结果面前，没有感情可言，只有成功，或者失败；

·在工作和目标面前，再大的困难也要去拼；

·谁的任务没有完成，那就走人吧！同情没有用；

·管理不讲情，对部下的体谅最后不过是迁就而已；

·在客观的困难面前，你可以有一千个理由、一万个原因、十万个无能为力、百万个尽心尽力，可是在执行面前来讲，却只有一个简单的结果，完成了还是没完成；

·在结果导向面前，我们常常不得不"死马当活马医"，我们不会轻易放弃，因为放弃就意味着零。

3. 以结果为导向的管理方式

团队管理的根本目的是做出业绩来，管理是一种追求和实现业绩的职业。结果导向不能只是挂在嘴边，而要通过具体途径落地。其中，目标管理和绩效管理是结果导向具体落地的基本途径和保障。抓团队管理工作，必须以结果为导向，要有目标管理意识和能力，以绩效管理作支撑。目标明确，行动计划和衡量标准具体、可行，是实现好结果的基础；绩效管理是驱动力，是目标管理能否到位的保障。因此，从某种意义上说，目标管理和绩效管理是结果导向的两个支点或者说是左右腿，失去任何一个，结果导向都难以取得预期的效果。

需要注意的是，注重结果，不等于忽略过程。过程与结果并不矛盾，过程是结果的前提，结果是过程的延续，它们合二为一，才是完整的。过程和结果本身都是残缺不全的。过程与结果并存于每一件事中，一件成功的事包括了一个成功的过程和一个成功的结果，我们追逐的不应是割裂开来的过程与结果，而是一个整体，它应该拥有过程和结果，不应顾此失彼。

·科学分配任务，保障有效执行

在团队管理中，你是否会遇到过这样的情况：

安排给员工一项任务，本以为他有能力独立做好这个事情，谁知最后员工还需要依靠上司的帮助才能完成工作，达成的结果跟自己的期望也有偏差；

员工接受了上级交给的任务后，并不是没有去努力完成，而是根本没有能力完成，但他们又不敢当面拒绝领导的安排；

喜欢把任务交给令自己放心的员工去做，而不管任务的性质、内容，也不管执行的结果；

在忙起来的时候喜欢抓瞎，不管那件事情应该谁负责，也不管那个人能不能做得了那件事，只是抓来就用，其效果同样不会太好；

这些任务执行中出现的问题，显然不是由员工造成的，而是由于管理者不善于科学分配任务，才导致了员工在执行中的偏差。英国著名的咨询师拉里·雷诺兹指出："如果员工得到的指示是模糊的，他就得学会猜测别人的心思，揣摩出领导到底期望自己怎么做。"

员工只有接收到了明确的任务信息，才有可能真正对工作负责，才能恰到好处地去落实。管理者在布置任务时，就要向员工说明你期望他做什么，做出什么样的结果。

分配任务、发布命令是管理者的日常工作之一，也是高效团队执行力基本保障。在为下属分配任务时，可以遵循以下几个步骤：

图 6.7 委派任务的四个步骤

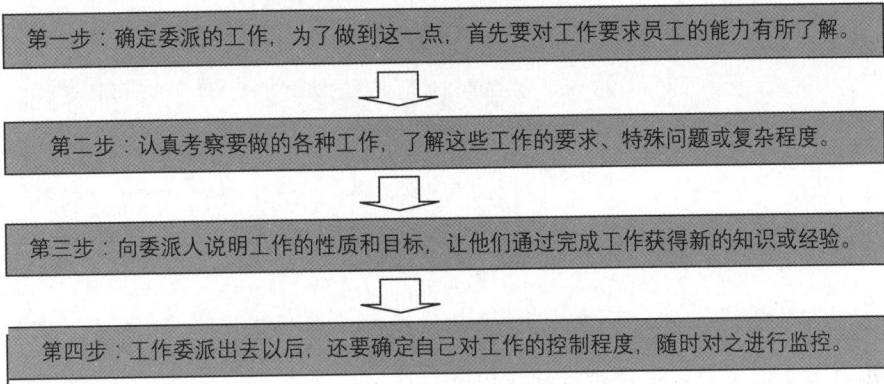

第一步：确定委派的工作，为了做到这一点，首先要对工作要求员工的能力有所了解。

第二步：认真考察要做的各种工作，了解这些工作的要求、特殊问题或复杂程度。

第三步：向委派人说明工作的性质和目标，让他们通过完成工作获得新的知识或经验。

第四步：工作委派出去以后，还要确定自己对工作的控制程度，随时对之进行监控。

管理者在委派任务时，切记不要把"热土豆"式的工作委派出去。所谓"热土豆"式工作，是指那些处于最优先地位并要求你马上亲自处理的特殊工作。例如，你的上司非常感兴趣和重视的某件具体工作就是"热土豆"式工作。这种工作要你亲自去做。

对于保密要求比较高的工作也不要委派给别人去做。如果某项工作只有你才应该了解的特殊信息，就不要委派出去。

另外，所有委派的任务，都应用"5W3H"责任管理法去衡量，确保执行的可操作、可监控。

表 6.3 "5W3H" 责任管理法

5W	什么任务（What）	明确相关任务的工作内容、工作量、工作目标和工作要求以及达成期限。
	为什么去做（Why）	要让员工明白该项工作的目的、意义。
	谁去做（Who）	确定由谁或哪些人去执行，他们分别承担什么角色
	从何处入手（Where）	该项工作的切入点在哪里，需要按什么流程执行下去，执行到什么程度才算结束。
	什么时间完成（When）	制定出完成任务所需的日程与安排。
3H	怎样完成（How）	制定细化操作标准，找到切实可行的落实方法。
	需动用多少资源（How much）	确定完成该项工作需要哪些资源条件，需要多少，如何进行筹措。
	做到什么程度（How do you feel）	要提前对该项工作的结果进行合理预测，预测过程中要考虑到执行人员的情况。在制定执行方案前，要明确指导思想和执行准则；在任务执行中要做好追踪工作，了解相关信息、掌控工作进度、协调外部关系、掌握执行者心态、预防突发事件，要防止自己被架空。

在分配任务时，还要注意任务量的适度，既不要不足，也不要过大，让员工不堪重负，如何把握这个度呢？在设计任务量时，应根据员工个人能力和既往表现，适当高出他们之前的最好成绩。对于多人同时执行的任务，则应明确界定每个参与者的职责、权限所在，避免出现责任不清和扯皮现象。

·按流程执行：拒绝多余的步骤

我们经常听说一些跨国公司、一流企业、明星团队的员工执行力强？但是，却很少有人去研究他们执行力强的根源所在。难道是因为他们的能力、职业化素质比较高？或者是因为他们天生就具备"自动自发"的主人翁精神？

显然不是！真正让那些顶尖企业员工具备超强执行力的，是它们的流程设计。完善的执行流程不仅能够决定员工做事的程序和步骤，而且也能界定员工的岗位职责和执行标准。流程就是执行的工具，当所有员工都能够按流程执行的时候，他们的执行力也就得到了基本的体现。

所谓执行，其实就是走流程。

1. 设计执行流程

执行力是可以设计出来的，是伴随合理执行流程而生的。对于一些团队内的任务，可以在企业组织总体流程基础上，去设计内部的执行流程。

表 6.4 设计流程时的六个维度

维度	内容
质量	性能、安全性、可靠性、合格率
数量	参与人数，调用资源
时间	执行周期
成本	运营成本，管理费用
风险	标准偏差，风险评估值
投入产出比	人均产值

2. 流程设计的主要问题

一般说来，流程设计中由以下几个问题，需要特别注意：

图 6.8 执行流程存在的三个主要问题

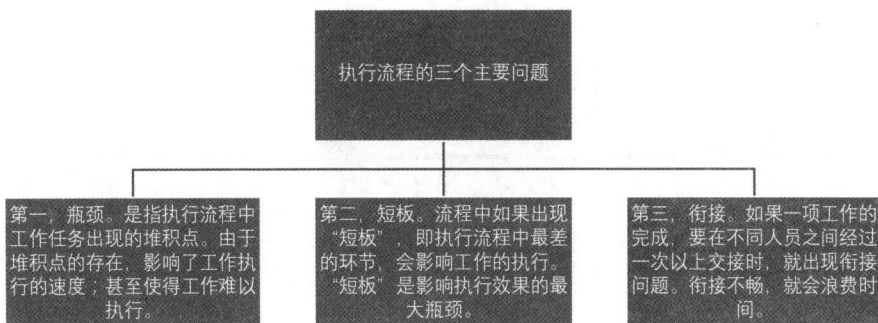

3. 流程优化的三个阶段

一流的团队系统需要精益求精的执行流程，不断去伪存真，优化执行流程，将多余流程和步骤剔除掉。

2000 年，在任正非主导下，华为开启了全面引入 IBM 管理流程等内部变革，将一家小米加步枪式的中国企业"生搬硬套"成国际规范运作的公司。对于变革期公司可能遭遇的思想动荡，任正非下达了指示："先僵化，后优化，再固化"，华为要"削足适履"。何为"削足适履"？后来任正非的一段内部讲话可视为最佳注释："5 年之内不允许你们进行幼稚创新，即使认为它不合理，也不允许你们动。5 年以后，把系统用好了，我可以授权你们进行最局部的改动，至于进行结构性改动，那是 10 年之后的事。"

执行流程设计好之后，通常不是很完善，尚需要在实践中去不断优化、不断修正，使之趋于合理，优化执行流程也应奉行"先僵化，后优化，再固化"的思路（见图 6.9）。

图 6.9　执行流程优化的三个阶段

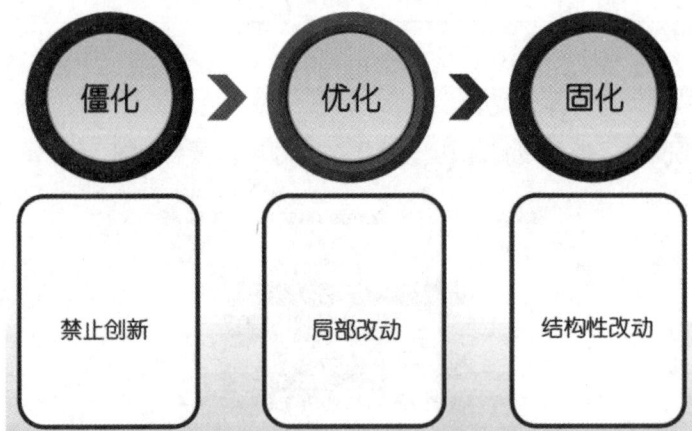

第一，僵化阶段。流程设计完毕，执行者要严格按照流程去执行，这个阶段禁止任何形式的创新。目的主要是用来检验流程，发现不合理之处。

第二，优化阶段。经过一段时间实践，就执行中遇到的问题，组织人员进行总结、分析，对执行流程做出相应的优化和局部调整，使之更适合现实状况。

第三，固化阶段。经过一个较长周期的实践检验和优化修正之后，即经过结构性大动后，执行流程中的瓶颈得以突破、短板得以弥补、衔接不畅的环节得以疏通，执行流程趋于完美，此时，就可以将流程固定化，作为执行的依据和标准。

表 6.5　执行流程自检表

检测项目	检测要素	要素评分（0-5分）	异常情况（低于3分）
流程完整性	流程是否能够覆盖现有任务		
	流程各步骤操作是否明确		
	是否有例外情况处理机制		
流程符合性	是否可以支撑任务的顺利实现		
	任务操作过程是否符合现有流程		
	任务执行过程是否符合流程规定		
	流程文件是否及时进行更新调整		
流程效率	各个环节的执行时间要求是否明确		
	确定的时间要求是否合理		
	相应环节工作能否在限定时间完成		
	流程的环节是否做到了最简化		
流程质量	下游环节对上游的流程输出是否满意		
	流程环节输出结果是否一次合格		
	上游环节输出结果不合格，下游能否及时发现		
	不合格结果能否得到及时纠正处理		

流程管理	所有流程是否统一管理，集中查找		
	执行者是否熟悉和了解相关工作流程		
	关于流程的培训、宣传是否及时有效		
	流程遇到问题是否得到了及时发现和解决		
	相关人员是否能配合流程的优化调整		
流程检测总分			
评分说明	根据每个要素的描述，对比流程实际执行情况，进行客观评分，分值可以包含小数点，分值越高说明效果越好。对低于 3 分的要素应进行分析、完善。		

·所有执行必须进行复命

凡是执行，必须要有复命。

所谓复命，是指执行者在执行过程中随时向执行指令下达者（一般是上级）汇报执行进度、执行中遇到的问题以及下一步的执行计划。以便让执行指令下达者了解任务完成情况，确保工作的可控。

刘光起先生在《A 管理模式》中提出了这样一个观点：对任何命令，不管完成与否，受令人都要在规定的时间内向下令人复命，复命的时间一般不超过四小时，因此被称为"四小时复命制"，它的核心在于：

第一，完成任务后，受令人要及时向下令人复命；

第二，受令人在开始执行任务后如果遇到困难或阻力，经努力仍无法按时、按标准完成任务，要立即向下令者复命，说明困难和原因。此时，下令人可根据具体情况来选择更改或撤销原命令、或重新下达命令，这个调整的时间也不能超过四小时；

第三，平行部门之间互相交办的工作，接收之后，也必须遵循"四小时复命"制；

第四，上级对下级也要遵守"四小时复命制"；

第五，"四小时复命制"并不要求一定要在四小时内完成任务，而是要在任务指令下达后四小时内，将工作的完成情况进行汇报；

第六，受令人如果确实无力完成任务，但在四小时内进行了复命，则不承担责任；如果没有报告，且由此给公司造成损失得话，则受令人要承担责任，不管是出于何种理由。

任务的执行是管理者与执行者双向互动的过程，只有实现良性的双向互动，才能有效贯彻决策者意图，顺利达成目标。部门执行力不强，有执行者素质不高、执行不力的原因，也有管理者宣传不够、监督不力、信息反馈不够的因素存在。提升企业执行力，不能只要求执行者应该怎样去做，更要综合考虑，从决策的制订、宣传、执行、监督和信息反馈等各个环节寻求突破。

信息反馈是执行的保障，是复命的具体形式，执行的好坏要经过信息反馈来得知。

那么，管理者如何才能有效地做好反馈信息的执行呢？

1. 信息反馈的方式

（1）当即反馈

当即反馈就是即时反馈。即管理者要求员工将自己执行的情况随时进行汇报，以做好执行监控，同时管理者本人也应该去随时了解相关的执行信息并向自己的直接上司做出即时反馈。

如客户经理在走访市场时应密切关注市场的变化、客户的销售变化、客户是否规范经营以及市场的净化程度等等，做到心中有数，从细微之处发现问题，当即反馈到相关部门或相关的责任人，以便采取相应的措施，快速解决所反馈的问题。当即反馈的形式多种多样，如：运用电话、手机、微信、QQ、信息平台、面对面沟通等，都属于当即反馈的范畴。

（2）阶段性反馈

阶段性反馈，首先，通过阶段性的总结来反馈。如客户经理可以根据走访市场时掌握的情况进行阶段性的总结，通过总结发现市场上存在的问题，针对市场上存在的问题，分别对相关的责任部门和责任人进行反馈，再对存在的问题进行科学的分析、归纳和总结，并制定出行之有效的改进措施和工作方法。

其次，可以通过书面的市场调查结果进行反馈。此项反馈可以依据公司每月对客户进行的书面调查，调查的内容是客户对公司的决策、货源分配的透明度、公开、公平。

2. 信息反馈的步骤

第一步：筛选反馈信息

对管理者来说，将信息筛选整理是有效进行反馈信息的第一步。由于从下属那里得到的反馈信息并不是完全有价值的，要想挖掘出反馈信息的价值，就要通过"去伪存真，去粗取精，由表及里，由内到外"的方式去筛选，以找到对自己下一阶段管理工作最具指导意义的信息。

某公司销售经理派一个业务员前往东北联系业务。经过半年的奔波，该业务员对上级汇报说：东北的代理商认为利润太少，没有合作前途，决定退出。又说他对东北市场有所了解，有渠道网络可以打开市场局面。销售经理没有进行调查核实情况，就委任他成为东北地区的代理商。但半年过后，那个业务员突然辞职了，公司调查后才发现该业务员想自己独占东北市场，谎报信息欺骗了上级，市场也已经被他做坏了。

而经过对反馈信息的筛选，管理者就可以从中选出适合自己发展的真实信息。

第二步：整理反馈信息

任何事情之间都是有联系的，信息也不例外，部分反馈信息在某时段上可能会共同反映一种现象。管理者可以通过统计、归属、整理，这样能够有效提高信息处理的效率。

另外，通过反馈信息的整理，还可有效防止反馈信息的随意流失，这样会使企业失去大好发展的机会。

国内有一家著名的家电企业，一直都打不进某地市场。原因就是该品牌的冰箱在上世纪八十年代初入该地市场时，一个消费者购买的冰箱出现了故障，遂写信给厂家反映情况，要求厂家派人维修。可信寄去后如石沉大海，当地报纸披露了此事，厂家的做法激起了市民们的抗议。从此，这种牌子的冰箱销售量迅速下滑。

一个信息的流失使该厂失去了一个大市场，的确让人深思。

第三步：为反馈信息分类

在对信息筛选整理之后，管理者的下一步工作就是按信息的时效性(轻重缓急)、营销因素的针对性(产品研发、定价、渠道网络、促销方式、售后服务、销售管理、客户管理等)和信息的归属性(部门需要)对其进行分类、管理。

在具体操作时应依各自的情况进行反馈信息的分类，以避免在以后工作中出现部门间相互扯皮等不良现象，影响反馈信息的时效性和执行力度。管理者在信息把握上要灵活有序，对反馈信息合理分类是信息反馈执行过程中的重要部分，不可轻视。

第四步：对反馈信息的处理和再执行。

经过筛选分类后的反馈信息，已经可以为管理者拿来所用，为其下一阶段的工作安排及决策提供依据。接下来，就是对由反馈信息而来的决策的再执行了，这将是一个新的执行循环的开始。

系统制胜：高效率系统

◎充分发挥分配制度的激励作用。

领导带团队，要有分钱的意识，打造一种"发财"的机制，让大家能挣到钱，得到发展，才能一呼百应，应者云集，合理的分配机制能让团队成员自动变得优秀起来。

◎人人考核，事事考核。

企业绩效考核指标应该覆盖到所有团队、每一个管理层级和所有员工身上，且要覆盖到每一项工作上，做到"人人要考核，事事要考核"，具体到员工个人。

◎绩效考核指标的"四化"标准。

所谓"四化"，是指"能量化的尽量量化；不能量化的先转化；不能转化的尽量细化；不能细化的尽量流程化"。

◎结果导向与结果意识。

团队执行的目的就是要创造结果，创造业绩，团队要的结果，是利润最大化或与利润最大化相关的结果，没有结果的执行没有任何意义。

◎科学分配任务，保障有效执行。

员工只有接收到了明确的任务信息，才有可能真正对工作负责，才能恰到好处地去落实。管理者在布置任务时，就要向员工说明你期望他做什么，做出什么样的结果。

◎严格按流程执行，既不擅自减少步骤，也拒绝多余的步骤。

◎凡是执行，必须要有复命。

所谓复命，是指执行者在执行过程中随时向执行指令下达者（一般是上级）汇报执行进度、执行中遇到的问题以及下一步的执行计划。以便让执行指令下达者了解任务完成情况，确保工作的可控。

7.

协作系统：是乌合之众，还是高效团队？

· "雁阵"之于团队系统的启发

雁群排成的队形，暗合天地至理，特别是"人"字形，在这种阵形之下：

· 与单只雁相比，整个雁群的飞行能力可提高70%；

· 雁群的飞行速度，是单只大雁的 1.71 倍；

· 当领队的头雁感觉疲倦了，它会退至侧翼，另一只雁则接替顶上，飞在队形的最前端；

· 飞行在后的雁则会利用叫声来鼓励前面的同伴来保持飞行速度；

· 当有雁只脱队时，顷刻间变得迟缓、拖拉与吃力的飞行，会让孤雁很快又返回阵形中，继续利用前一只雁所造成的浮力；

······

谁能想到小小雁阵，竟藏有如此玄机，竟是如此缜密，释放出让人类都赞叹不已的力量。

今天，人们更多地用"人"形雁群来形容团队精神，有人说："一个高效的团队，就像一个雁群一样。"

这里，我们就来分析一下"人"形雁群，对于当今的团队建设，究竟能给我们带来哪些启发。

1. "带"字当先，做好领头雁

雁队之中，有一个最关键也最辛苦的角色，就是领头雁，它带领群雁，寻找方向，破空而行，发挥的是一个带头表率的作用。

一个团队的领导者好比是一只领头雁，要将"带"字融入团队工作的方方面面，以身垂范。这样，团队队形才不会散，才能合阵前行。

领导者就如同在餐桌上的舞者一样，这是因为作为领导者，你的喜怒哀乐都在牵动着员工们的视线的，你的一举一动都在影响着下属员工，所以无论怎样做，你都对他们起着一种示范作用，这种示范效应可能是正面

的，也可能是负面的，可能是对的，也可能是错的。而要想成为一个好的管理者，就要对团队成员产生好的带头作用，否则，你的威信何来？

毋庸置疑，在团队中，管理者的带头示范是必不可少的，不能自律，就无法以德服人、以力御人，也就无法在团队中树立自己的权威和影响力。

柳传志有一段关于管理者带领团队的经典论述："一个组织里面，人怎么用呢？我们是这么看的，人和人相当于一个个阿拉伯数字。比如说10000，前面的1是有效数字，带一个零就是10，带两个0就是100……其实1极其关键。很多企业请了很多有水平的大学生、研究生，甚至国外的人才，依然做得不好，是因为前面的有效数字不对，他也是个零。作为'1'的你一定要正。"

柳传志的这段话所讲的就是一个管理者的带头作用。对于管理者而言，无论他后面的"0"有多少，无论他的员工有多出众，但如果他做不好"1"，做不好带头作用，那么最终的管理效果也只会是"上梁不正下梁歪"，是难以带好团队的。

2. 你能走多远，取决于你与谁同行

从上面的描述，可以看出，雁群无论是在行进速度还是航程上都远远超过了单只孤雁。

雁群迁徙路程长达几千公里，它们的迁徙成功是共同努力的结果，是每只大雁成就了一个团队，也是整个"雁阵"成就了每一只大雁。

雁群之所以能够成功完成长途跋涉，有两个关键：其一，它们是团队结伴而行；其二，雁群有一个共同而明确的目标——飞抵温暖的南方。

"你能走多远，取决于你与谁同行"，前进的路上充满了挑战与不可预知，因此你需要借助团队的力量，但是人与人的合作，又不是人员的简单叠加，关键在于团队成员之间的互补与团结，要有能让团队成员"力往一处用，劲往一处使"共同奋斗目标和长期愿景，这样才能充分发挥团队的潜能与聪明才干，发挥出"1+1>2"的团队战斗力。

3. 合军聚众，务在激气

在雁阵中，我们注意到了这样一个有意思的现象：飞行在后面的大雁会利用叫声来鼓励前面的伙伴，以此保持整体的速度继续前进。

鸟雀尚且需要鼓励，何况是人？在更多时候，人在专心工作时，都希望从背后传来的是鼓励的声音，而不是其他什么噪音。

古代军事家孙膑认为："合军聚众，务在激气。"即主张要运用激励的办法来鼓励士气，革命家秋瑾也曾说："水激石则鸣，人激志则宏。"

汽车需要加满汽油才能开动，当汽油用完了，汽车会失去动力，很快便停下来。但如果油箱中的汽油一直是满的，那么车内的发动机就能不停地驱动汽车前进。团队和激励的关系也是这样，没有激励，团队成员就很难动起来，更不可能鼓起冲劲，发挥潜能。但如果一个人不停地受到上级激励的驱动的话，那他就能永远充满激情地前进。

激励是调动团队成员的积极性、主动性和创造性的一个重要途径。对工作出色的，有突出业绩的员工，要大张旗鼓地进行表扬、鼓励、奖励。奖励，可以是精神激励，如授予各种荣誉称号、媒体宣传等；也可以是物质奖励，特别是对做出突出贡献的，要敢于重奖，奖得让人动心，产生竞争意识和争先创优意识。对完不成任务、工作平庸者，则要及时进行警示和相应的制裁措施。做到奖罚分明，客观公正，奖得让人感到满意，罚得让其心服口服。这样，假以时日，团队内部必能形成愉快合作的工作气氛。

所以，在激励的问题上，不妨学一下雁群。

4. 互相帮扶，谨防掉队

雁群还有最为让人动容的一个细节：每当有大雁生病或受伤时，雁群中就会飞出两只大雁回来帮助并保护它，始终伴随左右，始终不离不弃，直到大雁康复或死亡为止，然后它们继续组成小型编队飞行，直到赶上前面的大队。

对于今天的工作团队，生存环境远不像雁群那样凶险，不需要面对那么多的生死离别。帮的关键在于，领导者要在团队内部树立一种"互相帮扶，谨防掉队"的观念，避免团队中出现短板，削弱团队整体实力。

另外，更重要的就是需要领导者自己去身体力行了，所谓帮，就是理解、关心、帮助。这就要求我们的管理者在工作和生活上要去理解、关心、帮助团队成员，以使大家工作进步，提升团队的总体水准。

话说回来，帮不是盲无目标的乱帮。而应首先在为团队成员提供帮助之前弄清楚他们的"需求"是什么，有针对性地去帮扶。要"授人以渔"，俗话说"授人以鱼不如授人以渔"。授人以鱼，仅是满足对方一时之需；而授人以渔，则会让员工终生受益无穷。如果你想真正帮助团队成员提高他们的工作能力，只是简单的"吃一口，喂一口"是不够的，一定要授之以"渔"，也就是说要传授下属如何及时发现问题、正确认识问题、积极解决问题的方式、方法，这才是真正的"帮人帮到底"。

· 每个团队成员都有上升通道

新东方创始人之一徐小平，是电影《中国合伙人》最初剧本的作者，在很多人看来，徐小平就是剧中孟晓俊的原型。

徐小平的这部剧本，要表达的核心理念就是，每一个人在中国都能通过自己的努力，找到自己的上升通道，实现个人梦想。剧中的成冬青（被对号入座为新东方的另一个创始人俞敏洪）代表着那个时代所有的人，包括马云、柳传志、张朝阳、丁磊，也包括海归的李彦宏等，他们都是从无到有，从一文不名到打下自己一片天地的那一帮人。

通常，在人类文明社会里，社会个体若想获得更多，唯一的办法就是通过学习和劳动，通过掌握知识和技能，通过工作、创业，来获得报酬，实现个人价值。不过，在如今的中国，仅仅凭借这些主观努力似乎还远远不够，年轻人所面临的社会上升渠道还不够宽广、普遍、畅通，过于崎岖，甚至是过于艰险。徐小平甚至坦言，如果现在社会的上升通道都被堵住，那么就不会出现马云、柳传志以及俞敏洪这些创业传奇人物了，因为实际上，他们都是从平民子弟上升到如今这种层级的。

寻求上升通道，是人的一项本能，也是人类文明一个基本的追求。人类从树顶上、山洞里走到地面上来，希望过得好一点、得到多一些、愿望实现得多一些，这就是上升通道。文明社会里边唯一的上升渠道就是通过学习和劳动、知识和技能去得到更多的东西。

在企业团队层面，员工同样有上升的需求，团队管理者只有设法去满足员工的这种需求，才能激发起员工的斗志和工作积极性。

一流的团队系统是开放的包容的，同时又是充满机遇和成长空间的。事实上，给团队成员提供上升通道，并不仅仅是一刀切的给予其升职的机会。

1. 为员工提供多通道晋升机制

多通道晋升机制，是在单一的行政等级晋升这一条职位发展通道上，衍生出来的具有多种非行政等级晋升通道的机制，例如技术通道、内部顾问通道等。这种晋升机制能满足不同个性员工的需求，更为人性化。

华为是这种多通道晋升机制的践行者，它在借鉴英国企业模式的基础上，设计了著名的"五级双通道"模式。

首先，梳理出管理和专业两个基本上升通道，再按照职位划分的原则，将专业通道进行细分，衍生出技术、营销、服务与支持、采购、生产、财务、人力资源等子通道。这些专业通道的纵向再划分出五个职业能力等级阶梯，如技术通道就由助理工程师、工程师、高级工程师、技术专家、资深技术专家五大台阶构成，而管理通道是从三级开始，分为监督者（三级）、管理者（四级）和领导者（五级）。

在这个多通道模型中，所有员工都至少拥有两条职业发展通道。以技术岗人员为例，在获得二级技术资格之后，根据自身特长和意愿，既可以选择管理通道，也可以选择技术通道发展。由于两条通道的资格要求不同，如果技术特点突出，但领导或管理能力相对欠缺的话，就可以选择在技术通道上继续发展，一旦成长为资深技术专家，即使不担任管理职位，也可以享受公司副总裁级的薪酬与职业地位，企业也得以充分保留一批具有丰富经验的技术人才。很多员工还可以选择两个通道分别进行认证，企业采取"就高不就低"的原则来确定员工的职等待遇。

这样，对员工而言，根据自身特长和意愿，既可以选择管理通道发展，也可以选择与自己业务相关的专业通道发展，从而妥善解决了一般企业中"自古华山一条路（升到管理岗位），万众一心奔仕途"的问题。

级别	基本定义	对应级别
P1,P2	一般空缺，为非常低端岗位预留	
P3	助理	
P4	初级专员	
P5	高级工程师	
P6	资深工程师	M1主管
P7	技术专家	M2经理
P8	高级专家	M3高级经理
P9	资深专家	M4(核心)总监
P10	研究员	M5 高级总监

上图是阿里巴巴的晋升级别，同华为有些相似，也是专业通道和管理通道，其中专业通道层级更多一些，有10级，管理通道只有五个层级。这样员工就可以根据自己的实情和喜好，往更适合自己的方向发展，使得那些专业技术人员更有归属感，不至于工作到一定年限再难有上升空间（更重要的是待遇上的提升），而失去进取心甚至离职。

除了以上两个通道外，阿里巴巴还有一项吸引员工的秘密武器——合伙人制。

马云在2013年致公司全体员工的公开信中曾说，"合伙人制度的目的在于通过公司运营实现使命传承，以使阿里从一个有组织的商业公司变成一个有生态思想的社会企业；控制这家公司的人，必须是坚守和传承阿里使命文化的合伙人"。由此能够看出他在继承公司精神这一事情上对"合伙人"制度抱有的期望。

"合伙人"制度，为阿里带来的还有更加有效地上升通道。其每年选举的规定，使合伙人不至于出现断代；需有75%以上的人同意方能成为新合伙人，有效地避免原有合伙人同新合伙人可能存在的冲突；合伙人人数不设上限，为管理层的员工提供一种上升通道，激发工作热情；这些都能为阿里带来许多潜藏的利益。

在目前的30位合伙人中，有超过五分之一为程序员出身，从身列"十八罗汉"的吴咏铭到2005年加入阿里的程立，都有着极为深厚的技术背景。

无论阿里是否能实现"活到102岁"的目标，但这种上升通道层面的制度创新，其意义要比单独的企业发展更远大。

2. 技术岗待遇要对等相应管理岗

前面我谈到了，晋升往往意味着加薪，这是对管理通道的晋升而言的。我们也经常能看到一些企业的管理人员和普通员工悬殊的收入差距，至于一些大型知名的企业高管，其收入更是堪称天价，让普通员工望尘莫及。

对于专业通道的晋升，如果只是给了员工一个虚头巴脑的名头，而没有看得见摸得着的实惠的话，则很难对人产生吸引力。

级别	薪资	股票（4年拿完）
P5	15W-25W	无
P6	20W-35W	无
P7	30W-50W	2400股
P8	45W-80W	6400股
P9	80W-100W	16000股

马云是怎么处理这个问题的呢？通过上图我们可以看到，在阿里巴巴，

不论是专业技术岗还是管理岗，只要达到一定层级，就可以获得相应的收入，注意，技术岗和管理岗的收入是一样的。如，阿里巴巴的高级专家和高级经理，都属 P7 级别，那么他们对等的收入都在年薪 30–50 万之间，外加相应的股票期权。

这样的晋升机制，才有吸引力。同样的案例，还有海底捞。

在海底捞，每个新来的员工都有三条晋升途径可以选择：

第一，管理线：新员工——合格员工——一线员工——优秀员工——领班——大堂经理——店经理——区域经理——大区经理；

第二，技术线：新员工——合格员工——一级员工——先进员工——标兵员工——劳模员工——功勋员工；

第三，后勤线：新员工——合格员工——一级员工——先进员工——办公室人员或者出纳——会计、采购、技术部、开发部等。

在这家知名餐饮企业，学历和工龄都不再是员工晋升的必要条件，工这种不拘一格选人才的晋升政策，不仅让海底捞处在社会底层的员工（大部分都是农村出身，没上过大学的年轻人）有了尊严，还让他们相信：只要努力，人生就有希望。对海底捞的后来者，袁华强是一个很好的榜样。高中毕业后，19 岁的他走出农村老家，去海底捞打工，最初的职位是门童，现在是北京和上海地区总经理。他说："只要正直、勤奋、诚实，每个海底捞的员工都能够复制我的经历。"

而且，对于那些没有管理才能的员工，通过任劳任怨的苦干，通过脚踏实地的工作，也可以得到认可，也可以得到可观的回报，如果做到功勋员工，那么其工资收入就会和店长不相上下。

这些举措，极大提升了员工的自豪感与归属感。

·系统制胜的秘密武器——协同作战

来看这样一个片段：

时间：2001 年的 11 月 5 日。

地点：在阿富汗北部的一处山谷。

美军"绿色贝雷帽"特种部队的一个三人小组（三人分别是军士长、参谋军士兼武器军士、空军参谋军士）在执行搜寻基地组织成员的任务，他们携带的除各种特种武器外，还有三样东西格外引人注目：一个巨大的橄榄绿瞄准器、一副双筒望远镜和一台能发射激光束的激光瞄准器。

设备安装完毕，军士长目不转睛地盯着瞄准器，对目标区域展开精确扫描，突然，他停了下来，兴奋地喊到："发现目标。"

参谋军士兼武器军士迅速将目标（一个碉堡）坐标输入联网的军用手提电脑，随后向空军参谋军士做了个"OK"的手势。

空军参谋军士相视一笑，打开无线电收发两用机，呼叫在附近空域巡弋的两架 F/A-18 战斗攻击机。

数分钟后，听着由远而近的飞机轰鸣声，参谋军士打开激光瞄准器向碉堡前方的空地上发射出一道隐形的红外线激光束。

转瞬之间，两架海军的 F/A-18 战斗攻击机飞临目标上空，其中一架突然向下俯冲，并投下了一枚激光制导炸弹，当这枚炸弹穿过大气层时，它内部的智能导航系统便循着激光束所指示的目标而射去。

轰！毫无悬念，炸弹直接命中碉堡，一股巨大的黑烟冲天而起，碉堡在剧烈的爆炸中灰飞烟灭。

这是"绿色贝雷帽"特种部队的一次典型军事行动，一个地面的特种战术小组和空中的战机构成了一个绝对致命的"死亡组合"。

这次行动中，我们看到了"绿色贝雷帽"一个三人小组完美的协同作战场景，让人们叹为观止的是，不仅仅是他们之间的密切配合，而且还有他们竟然可以直接呼叫海军航空兵的战斗机。

也就是通过这种方式，在阿富汗仅有 120 余人的"绿色贝雷帽"，先后绞杀敌军 3 万余名，而其自身付出的却是轻微的的损失。

这是一种什么概念？美军现代特种协同作战的效果已远不是人们常说的"以一当十"所能形容了。如今，美军已在协同作战的道路上越走越远，就像"绿色贝雷帽"的特种兵，不仅是单兵作战的精英，同样是协同作战的高手，对手也越来越难以望其项背。这是美国特种部队的真正可怕之处，任凭你有千军万马，又能奈我何？

军队的管理之道，历来是很多企业学习借鉴的榜样。从协同作战这一点上来看，也不例外，美国管理学教授斯蒂芬·P·罗宾斯在其著作《组织行为学》中给团队的定义："工作团队通过其成员的共同努力能够产生积极协同作用，其团队成员里的结果使团队的绩效水平远大于个体成员绩效的总和。"

团队的整体绩效之所以大于个人绩效之和，就在于团队工作的协同效应。

团队协作，可以缩短工作任务的完成时间；

团队协作，可以提升工作的实际绩效；

团队协作，还能够提高团队成员的工作能力、合作精神和信任程度；

团队协作，也是组织降低成本、提高效率，增强竞争力的有效手段。

团队协作能力对于一个团队至关重要，假设团队总能力为 A，领导者的团队组织能力为 a，每个队员的平均个人能力为 b，对中人数为 c，团队协作能力为 d。那么就能得出这样一个共识：$A=a \times (b \ast c)(b \ast c)(bc)......(b \ast c)(b \ast c)$ (共 d 个 $(b \ast c)$) 相乘。

可见团队协作能力的效力之大。

因此，创建高效的工作绩效团队就成为管理者的重要目标之一，而这就是如何发挥团队成员的协同效应。而真正亲密无间的团队协同作战，需要建立在一定的前提之上：

前提一：互相信任的团队氛围

在一些军事题材的电视剧中，经常可以看到一种名为"信任背摔"：

就是其中一名士兵或站着或在一座平台上笔直的向后倒下，而其他士兵则伸出双手保护他。倒下的士兵之所以敢倒下，是因为他绝对相信他的战友会在后面保护他。

目前，有很多企业为了训练团队成员之间的互相信任，也纷纷在拓展训练中引入了这项"信任背摔"训练。

因为高绩效团队的一个特点是，团队成员之间相互高度信任。也就是说，团队成员彼此相信各自的正直、个性特点、工作能力。当一个团队或组织超过一个人时，信任就变得尤其重要。而且，一个团队成员相互之间的信任度越高，就越有助于团队协作。

相互信任就仿佛是团队内部的"润滑剂"，它既能够有效减少团队成员之间的摩擦、消除来自内部冲突而带来的内耗，同时也能够起到促进团队更加有效的运转，更加高效的协作，起到"润滑剂"的作用。

然而，需要留心的是，当团队成员之间相互缺乏信任时，他们会将更多的个人时间、精力投入到对其他人行为的揣测、观察上，以避免对自己利益造成不利影响，这是一种个人的"趋利避害"行为；相反，当团队成员之间充满信任时，就会将更多的个人时间、精力投入到可以为团队带来实际收益的工作中。可见，如果团队中缺乏信任度的话，那么将会极大地提高团队的监督及运行成本。反过来，互相信任的团队氛围则可以有效降低企业的运行成本、提高团队效能。

要想检视你的团队是否具备互信的氛围，可以试着向团队成员是否对以下几个问题表示认同：

· 团队对你非常重视；

· 我能做到与众不同，并能为实现目标贡献力量；

· 周围的人有着相同的价值取向、工作目标和决心；

· 能够自己做出的决策就不需要别人来插手；

· 自己和别人一样被公平对待，有相同的机会来实现自己的价值；

· 可以自由地接受和反馈意见；

· 交流能够公开和随时进行；

· 我可以毫不为难地要求别人做得更好，别人同样也可以要求我；

· 我信任别人做出的承诺，别人也一样信任我的承诺。

团队成员对上述问题的认同程度越高，说明你的团队信任氛围也就越好。在日语中，有这样一个字——"储（储ける）"，它的意思是"获利"，我们再仔细看一下，它其实是有两个汉字"信者"构成的，也就是其深层意思是说要首先赢得人们的信任，才能够获利。

作为管理者，也应该致力于让团队成员互为"信者"

前提二：充分的信息共享

前面提到的美国"绿色贝雷帽"特种部队战斗小组之所以能和海军航空兵的战机进行完美协同，就是建立在充分的信息共享之上的。因为美军早已完成了信息一体化建设，在这一系统下，美军所有资源、人员都是该系统中的一个节点，在战场上，单兵可以借助全球卫星定位系统的显示器，可以看到与战场有关的数据，包括较大范围的地形、面前的地形轮廓、后勤资料、自己和其他人员的位置、敌军的防卫、敌方武器资料等。利用计算机系统，士兵还可以向同伴和后方发送电子邮件和行动数据，并呼叫支援。

如果没有信息共享，美军在战场上或许也可以实现协同作战，但却远不如上面情节那么精彩与潇洒自如。

团队协作的基础也是建立在信息共享之上的，"一个团队如果信息不处于共享状态，那么效率就得不到提高，效率关系着利润的实现，那么结果可想而知……"

著名管理大师肯·布兰佳在《一分钟经理人 团队版》一书中强调了团队需要共享的重要性。

团队协作的过程，需要共享信息，提高团队协同作战能力，一个最佳方法就是相互之间分享信息，这种分享既包括上下级之间的分享，也包括同级之间的分享。这对团队领导者来说，有时意味着要公布一些被认为是机密的信息，包括一些敏感和重要的话题，如竞争者的行动、未来的商业计划和策略、财务数据、行业问题、竞争者的行为、团队行动对组织目标的贡献以及绩效反馈。更多的信息共享，会让团队即时捕捉机会，迅速展开统一行动，并有所斩获。

前提三：不抛弃，不放弃

"不抛弃，不放弃！"这是电视剧《士兵突击》中钢七连的信念，这句话容易让人联想到一部美国电影片《拯救大兵瑞恩》，《拯救大兵瑞恩》这部电影当时上映之后曾引起很多争议，很多人心中的疑问是：牺牲这么多的人，去拯救一个瑞恩，究竟是值得还是不值得。

对这个问题，如果只是从表面数据上看，当然是不值得，因为为了拯救一个人而牺牲了更多人。但从深层意义上看，这种行为却是大大值得提倡的，因为美军试图通过此举向所有士兵传达这样一个信念：美军是一个紧密配合的战斗团队，他们不会丢下任何一个人。

千万不要小看了这一信念，他会让战场上的人们扔掉后顾之忧，竭力协同作战，帮助自己的伙伴，也会给深陷重围、陷入绝境的人带来生的希望。否则，如果没有了这种信念，士兵在战场上就会各自为战，一旦战局不利，就会不顾同伴，各自逃命。

如果问，当理想照进现实，在残酷竞争时代的今天，"不抛弃，不放弃"的简单主义理念到底还值不值得在团队中推广？答案当然是肯定的，如果你想打造一支高度协同作战的团队的话。

·各司其职，充分授权：别和员工抢活干

授权这个词对很多企业管理者来说，并不陌生，大家也都知道授权的必要以及授权所带来的种种益处，可很多人就是无法做到真正意义上的授

权。究其心理，无外乎以下情绪在作怪：

· 怀疑下属的能力。在需要授权时，有不少自以为是的管理者，总是担心员工并不具有完全地自由运用权力和制定正确决策的能力，觉得与其授权，还不如亲自解决；

· 不愿培养员工。有些管理者认为管理员工是自己的工作，但培养员工并不是自己职责范围之内的事，所以没有必要在这方面殚精竭虑；

· 认为员工都习惯推脱责任。在管理者的眼里，大多数员工都习惯于在管理者的命令下工作，大部分的权力和责任也都是由管理者拥有和承担的。一旦员工需要为自己的行为承担责任时，他们就可能会担心员工是否需要为其所犯的错误也承担责任。这种想当然的判断下，使很多管理者不愿意去授权；

· 不愿意让员工来分享自己的权力，特别是权欲非常强烈的管理者，他们不愿与下属分享权力，喜欢牢牢地控制着下属，认为只有这样才能树立自己的权威；

· 担心下属会将事情搞砸。这种担心看上去是正常的，因为不少员工没有经验或者能力欠佳；

· 害怕承担授权失败的风险。授权显然是有风险的，管理者把某项工作授权给员工去完成，如果做不好，第一责任人显然将是管理者，因为他不能推卸责任说"我已经授权给员工了"，这种担心让管理者不愿授权；

· 担心失去对任务的控制。很多管理者之所以对授权特别敏感，是因为害怕失去对任务的控制。一旦失控，后果很可能就无法预料了；

· 不愿意自己的地位受到威胁。管理者可能已经习惯了拥有决策制定权，而授权需要管理者放弃一定的决策制定权并把权力下放到普通的员工手中，他们会因此而担心失去控制权。往往管理者会感觉到他们的地位受到了威胁，甚至可能会感觉到他们即将失去自己的职位；

· 天生喜欢亲自动手。这种事必躬亲型的管理者往往有着强烈的完美主义倾向，他们总是认为员工的工作不够完美，并认为只有自己对所有的事情看得很清楚，只有自己才有可能高效地处理问题；

你不进行授权的理由或许很充足，还对自己的不授权感到心安理得，但是，不授权的负面影响却是不会自动消失的，是你不得不去承受的。

古人说："自为则不能任贤，不能任贤则群贤皆散。"意思是说：凡事喜欢事必躬亲者，往往不能够任用贤能的人，而导致众多贤能的人不能往一个方向努力，进而也就失去了组织存在的意义。这一说法对现代管理学的意义在于，如果上级主管事必躬亲，那就是对下属工作的不信任，下属进而也就没有了施展个人才干的空间，显然不利于其主观能动性的发挥，也不利于领导力的发挥。

一个企业组织最大的不幸是什么？不是产品滞销，不是竞争对手的强大，也不是市场萎靡，而是"有才不知、知而不任、任而不用"，这是企业最大的不幸。

贝尔公司的老总曾经说过："在我从事管理工作的早期曾经得到这样一个教训——千万不要一个人独揽大权。要仔细的挑选人才、雇佣人才，然后授权给他们负责料理。让他们独立做主，并对他们的行为、表现负最后的责任。同时，我还发现，一个经理的成功，不是他自己的成功，而是帮助他手下成功。这，便是这位经理的成功，便是整个公司的成功。"

所以说，管理者应该懂得和学会充分地利用部属的力量，充分地进行授权，以便更好地发挥团队协作的精神，这样不仅能使团队很快成熟起来，同时，也能减轻自己的负担与压力。

管理者的注意力应集中在领导职能上，而不是局限于具体事务上，管理者是用来处理"例外"的，而不是专注于日常事务的，对于那些小事、杂事、下属能做的事，要果断地授权下去。

1. 成功授权"四步走"

如何才能做到有效的委派呢？这是每一个管理者都关心的问题，具体可通过以下几个步骤：

步骤	实操
第一步：责任分解。	细分责任是授权的第一步，也是最基础和重要的一个环节，没有相应责任的授权不是真正意义上的授权，责任分解的目的就是让受权者（授权的接受方）明确该次授权必须要完成的既定目标，明确该次授权涉及的范围和程度，以及这些目标完成时授权者应该采用的检验标准。
第二步：权力授予。	在权力授予的同时，授权者和受权者还要进行充分的当面沟通，切记，再详细的文字来往也不能代替当面沟通，授权者要与受权者当面达成共识，也只有这样，权力的授予才更有意义。
第三步：检查与追踪。	现在多数管理者是能够做到责任分解的，同时权力也是能够向下赋予的，不管科学不科学。然而在笔者的调研中，却发现很多管理者的授权大都到此为止。其实，授权是一个系统的管理保证体系，是一个密切的闭环系统。给予了权力和责任，授权者千还要定期对授权的执行进行监督。这种监督与检查不是走形式，而是真正意义上的监督，不是简单的给个评语就完事的。
第四步：终止与评估。	授权完成以后，不管授权执行效果如何，都必须给予合理的评估，而这种评估必须是与受权者共同达成，评估的结果不是最重要的，关键是通过这种方式，可以就授权的执行做一次总结，以便在下次授权时能够做的更好。

2. 授权的注意事项

决定去授权时，还要把握好一个度的问题，否则也会过犹不及。

（1）不授权或假授权.

很多管理者，"为了授权而授权"，根本不清楚该如何授权，授多少权限出去，授权给谁，只是发个文件，口头通知一下"授权"，然后就认为授权已经实现了。这样的授权等于不授权，或者称之为假授权。

假授权的表现主要有：

第一，越级指挥。如某项工作，授权人明明已经在公开场合宣布授权给某某员工负责，却还在该员工负责期间，直接插手该项工作；包括直接指挥该员工下面的直属员工。类似这种表现，都属于越级指挥，也是假授权的典型特征之一。

第二，事无巨细，事必躬亲。所有事情都要向自己汇报，在这种情况下，即使已经"授权"给某某员工，最后也必定造成该员工无法正常、充分行使自己的权限，最终的结果就是授权人（管理者）大权独揽，事无巨细，所有事情还是由自己来决断。

第三，打模糊眼，即没有正式的授权制度和文件。仅仅是口头通知授权给某某员工，实际上所有工作还是要向自己来汇报，出了问题则"追究"下面员工的责任，这样的情况也是假授权。

第四，非常忙。当管理者长时间显得特别忙碌的时候，就代表着这个领导根本没有进行任何的授权，所有权力都集中在自己手中，所有的拍板都要由自己来定夺，所有员工的所有工作都要向自己汇报。这种情况就意味着这个管理者没有授权，或者只是假授权了。

（2）授权给不合适的员工.

从原则上，授权比不授权好。但是，如果我们的授权，是授权给那些不合适的员工，这样的授权反倒会事倍功半。

授权给不合适的员工，主要表现在以下三方面：

第一，员工对授权的工作或岗位没有兴趣。如，某个员工喜好从事具体的技术工作，不喜欢从事管理岗位；我们如果强行安排他来负责某个管理岗位，那么该员工显然内心会有抵触情绪，那么授权也就很难取得预期效果。

第二，员工暂时没有达到授权的工作或岗位所需的要求。这一点很难理解，也就是员工没有能力承担相应的责任，也用不好手中被授予的权限。

第三，授权的员工对授权的工作或岗位一窍不通，这也会在很大程度上制约授权的效果。

（3）授权过大，危害甚大

授权，应该是逐步授权，而不能一下子将所有权限全部"授出去"。如果授权过大，被授权的员工无法一下子接受过多的"权限"，也无法迅速理清头绪，必然导致很多工作脱节，影响部门工作的顺利进行。同时，授权过大，下面普通员工一时反应不过来，对新领导的熟悉和适应也需要一个过程，在此期间很容易产生一系列恶果。

授权，必须把握好一个"度"。另外，需要说明的是：授权，必须能放、又能收！收放自如，这才是真正的"授权"。

3. 进行授权控制

授权不是撒手不管，还需要进行有效的授权控制，授权控制是任务最后完成的强有力保障。

（1）目标控制

要依据工作目标和绩效标准进行过程控制，如果目标很大，则可把目标分解成阶段性的小目标，分别检查。

建立定期报告制度，被授权者必须定期向上级报告工作进展情况，对工作进程的重大事项进行说明，保证授权是沿预定目标前进的。

（2）态度支持

对大多管理者来说，授权不是可不可以的问题，而是愿不愿意的问题。因此你一定要摆正心态，充分放权，让员工大胆去尝试，对员工的轻微错误抱有宽容态度。尽量别干涉员工的具体工作，尽量不要让员工产生"授权就是被控制"的感觉。

（3）奖惩措施

当员工的潜能得以发挥，取得较大的工作成效时，你一定要适时予以奖励，对其出色部分予以充分肯定，对不足部分提出意见和指导，再配以相应的物质奖励，从而激发员工的更大工作积极性。

如果员工的行为已远远偏离原来轨道，甚至给部门造成了严重损失时；或者员工能力太差，根本无法完成任务时，这时你应立即停止授权，以免造成更大的损失。

4. 不要忽略了授权评估

授权总是在一定时间后结束，当任务结束后，要适时去评估授权是否已经达成了预期效果。如果达到了，就应当予以肯定和推广。如果没能达到预期效果，就应该进行相应的检讨，以查找授权中的不足。常用的评估手段有以下几种：

（1）被授权人的状态评估

如果在授权结束后，被授权人激情膨胀，精力充沛，毫无疑问，这种授权是成功的；如果被授权人一筹莫展，不知从何下手时，那么授权就有可能是不成功的。

（2）授权结果评估

这种评估主要体现在两个方面，即效率和业绩。当二者都有明显的改善时，说明授权是富有成效的；如果二者都没有明显改观，甚至出现下降的情况，则说明授权出了问题。

（3）主管的自我评估

当你从繁忙的工作中脱离出来，开始考虑部门乃至整个组织的长远发展问题时，如果是在这种情况下进行的授权，那么授权就是有意义的；如果授权者在授权后因此变得更加忙碌，下属的请示更多，需要处处去帮助员工处理工作中的难题，就可以肯定地说，其授权没有达到预定目的。

·团队的新陈代谢系统

人体需要新陈代谢，团队系统也需要进行正常的新陈代谢和人员更迭。

我们知道"过于湍急的水留不住鱼，死水滥塘养不活鱼。要想让鱼得以健康地生活，就必须用'稳定的活水'。"

同样，团队的健康成长，也需要"稳定的活水"。团队出现人员流动是正常的，不流动反而是不正常的，合理的人员流动可以带来团队绩效的提升，带来管理方式的转变，带来团队成员竞争意识的加强。所以我们需要正常的人员流动，只有流动才能壮大整个团队，带来团队的长远发展。

成员的优胜劣汰，是组织重组和焕发团队活力的关键举措。

尽管团队成员变动的短期代价颇高，但团队领导者仍应放眼未来，通过保持最适度的流动率，在团队稳定及成员担当之间取得平衡，以通过"新陈代谢"来提升团队的整体竞争力。同时，管理者在关注量化数据的同时，也必须关注流动率的质量，以确保团队相关留才措施是留住那些关键人才，而并非低绩效者。

1. 必不可少的成员正常更替

"只有让不合适的人走掉，才能把合适的人留下。"这是保持团队良性新陈代谢的关键。"在不能确定谁适合团队的时候，你至少可以发现谁不适合团队。"

美国通用电气公司（GE）前首席执行官杰克·韦尔奇（Jack Welch）领导下的人员差异化管理（依工作表现将绩效分为最顶尖 20%，中间的 70%，垫底的 10%）即是通过人员流动维持组织活力的例子。其中，20% 的最顶尖的人被界定为最好，要进行提薪或晋升，最后的 10% 为最差，则要被淘汰出去。

团队成员的合理更替，既保持团队的流动性，又要保持团队的相对稳定性，它可以说是好处多多。

第一，通过淘汰旧有人员，引进新进人员，可以刷新团员氛围，为团队带来新气象；

第二，在淘汰过程中，通过裁减闲余人员，为团队节约人力成本，用作奖励优秀员工；

第三，通过淘汰平庸人员，提升团队的效率；

第四，在实施有效淘汰管理过程中，能够提升团队的管理水平，增加领导者的管理责任，以刺激团队不断改进管理。

2. 在团队内部形成一种良性竞争机制

在团队内部形成一种竞争机制，不仅可以促进团队绩效的上升，更重要的是，这种方法有助于保持一种积极向上的环境，鼓励所有人都去追求卓越。

卡耐基在《人性的弱点》一书中讲了这样一个小故事：

磨房的工人没完成生产任务，施瓦普（经理请来的激励大师）问磨房经理："为什么磨坊产量没有达到计划的数量呢？"

磨房经理说："我也弄不明白是怎么回事，为了提高他们的工作效率，我采取过各种措施，激励他们，批评他们，甚至于威胁他们，但都无济于事。"

看着夜班就要开始，施瓦普找来一支粉笔，然后他转过身去问一名即将下班的工人："你们这一班，今天磨了多少轮？"

"6轮"，那名工人回答道。

施瓦普于是在地板上写个"6"字就走开了。来上班的夜班工人看到了那个"6"字，并从工友处了解了其中的含义。

第二天一早，施瓦普再一次走过磨房时，发现地上的那个"6"字，已经变成了一个"7"字，原来这是夜班工人的工作量。而当日班工人来报到时，显然也看见地板上那个大"7"字并明白了其中的意思。于是，一种竞赛的心理开始在他们中间弥散开来，他们决心要给夜班工人一点厉害看，于是都很卖力地干，直到下班时写下一个"10"字，才离开。

不久，这个原本生产远远落后于计划产量的磨房在整个面粉行业中的业绩就名列前茅了。后来，施瓦普总结说："要做事就要竞争，我说的竞争并不是为了肮脏的钱，而是一种超越的欲望。"

这种竞争机制，在让团队成员追求卓越的同时，还能对大家进行区分，让那些优秀者和不称职者都无所"遁形"，从而有助于领导者发现孰优孰劣，进而采取下一步的清理措施。

3.培养接班人

"功盖三分国，名成八阵图。江流石不转，遗恨失吞吴。"

这是唐代诗人杜甫对诸葛亮的一生的一个总结，从这首诗中可以看出，对诸葛亮运筹帷幄的雄才大略，杜甫是极尽敬仰之情，但同时，他又对诸葛亮"鞠躬尽瘁，死而后已"、后继无人的黯淡晚年，感到极其惋惜。

诸葛亮的才华和历史功绩是有目共睹的，但是，他却习惯亲力亲为，没能给蜀国培养出众多合格的人材，导致后来蜀国出现"蜀中无大将，廖化充先锋"的局面，不仅诸葛亮自己落得个"出师未捷身先死，长使英雄泪满襟"的悲惨结局，也使蜀国成为三国中最早灭亡的一个王朝。

现代企业团队管理和国家管理在很多方面都是相同的，从"成也孔明，败也孔明"的历史经验教训中，我们很容易能够看出，作为团队领导者，其中一个任务也是提前培养优秀的接班人，这是确保团队长治久安的战略举措。

正因为如此，联想董事长柳传志才深有体会地说："以我办联想的体会，最重要的一个启示是，除了需要敏锐的洞察力和战略的判断力外，培养人才，选好接替自己的人，恐怕是企业领导者最重要的任务了。"

对于整个企业层面的接班人计划，几乎所有的企业和领导者都已经意识到这一问题的重要性。但是，很多团队管理者却没有培养接班人的意识。殊不知，这也是确保团队良性新陈代谢的一个重要工作方面。

朋友经营着一家消费品销售公司，不过近年来他的公司却遭遇了人才后继乏人的成长瓶颈，为此他曾多次向笔者请教。一次，我们正在办公室探讨这一问题，一位姓刘的市场部（日化）经理前来向朋友诉苦。

原来，小刘在市场部（日化）经理的岗位上已经默默奉献了三年多的时间，他的销售业绩一直在各个销售分部中名列前茅。小刘的工作也得到了公司上上下下的认可，他也认为，自己做市场经理这个岗位是称职的，并且能力与成绩也得到了公司的认可。

但是，最近小刘心里却越来越感觉到不平衡，在他看来，自己在市场部长岗位三年多的打拼，按照常理，此时公司应该在职务上对自己有一些考虑了吧。但是，迟迟等不来公司提拔的消息与动静。

小刘为此很郁闷，工作不忙的时候经常在想：领导到底为什么不提拔自己？自己找不到症结所在。一直在市场部经理这个岗位上干下去，他又不甘心。于是他才找到老板，并用试探的方式询问："我在这岗位干了三年多，工作能力与方式方法，您也看得到。按照自己的职业规划，要在中层干部历练五年左右，希望能走上营销高层岗位。但这段时间自己很迷茫，总感觉自己在职务与能力上，都似乎碰到了些瓶颈，希望领导给我指点迷津。"

我的那位朋友听了嘿嘿一笑，用手拍了拍了小刘的肩膀："其实我也一直为这事犯愁，既然你提出来了，我就告诉你，无论从业绩上还是能力上，你都干得非常出色，我也有意提拔你。但市场部长的重要性不用我说，如果你上来，谁来接替你呢？我看遍公司所有的人也没有合适的人。所以在没有找到合适继任人选之前，你还是在市场部继续干吧。"

朋友的这番话让小刘听得哭笑不得，这时，他才意识到原来自己的工作职责不仅仅在于搞好市场，将销售额做上去，培养接班人也是自己的一个重要职责。

我听说在宏基公司，有一项硬性的"替死鬼制度"，简单说就是一个人要想晋升到更高一级岗位，首要前提是他必须从部门中挑选一个可以胜任这个岗位的接班人。如果他的下属中没有一个能胜任这个岗位，那他就没有晋升的可能。包括所有中基层管理者在内，宏基的管理者上任后不久都要填写"职务接班人计划"，他要考虑好哪一个人可以接替自己，确定接替人选后他就要开始用心培养这个人。

一个不会培养下属的干部能不能让他晋升？当然不能。为什么？因为他晋升上去，就会导致企业的中间产生断层。

一个管理者要向中上曾晋升，先决条件是，他的团队中必须有能胜任工作的员工来接替他的岗位。否则，永远不要让他晋升，以免岗位出现空缺，陷入糟糕的人才困境。

·不要陷入"劣币驱逐良币"的陷阱

"劣币驱逐良币",原本是一个经济学名词,它指的是:人们将成色好的货币收藏起来,致使市场上只剩下成色差的货币在交易、流通。

在市场竞底战略中,"劣币"被引申为生存条件恶劣的人群,"良币"则是指生存条件较好的人群。在自由竞争条件下,人们往往能够忍受恶劣的生存竞争,他们能够从那些生存条件良好的人手中夺取工作机会,将之驱逐出劳动力市场。

如在 1997 年亚洲金融风暴中,中国劳动力以更低的生存条件、劳动报酬,从泰国、韩国等生存条件、劳动报酬较高的国家,争取到了一些跨国财团的低附加值制造业务,转移到了中国,实现了"劣币驱逐良币"。

到了 2008 年前后,随着中国人力成本的增加,一些跨国公司又将制造工厂转移到了人力成本更低的越南、印度等国。

可以看出,这种竞底战略只能使人永远生活在温饱线附近,而不能过上富裕的生活,因为会不断会有"劣币"加入竞争中来,将这种温饱的生活夺去。

具体到团队的人力资源,也存在"劣币""良币"之分,一旦管理不当,让"劣币"得势,那他们也必然会限制"良币"才能的发挥空间,成为"良币"前进的拦路虎,"良币"就会选择将才能隐藏,默默无闻,忍受不了的人会选择离开。这样久而久之,企业中留存下来的就只有比"劣币"更劣的脓包,给企业发展埋下重大隐患。

要避免这种现象的发生,就要对员工做出有效评价,并在此基础上对他们进行针对性管理,进行绩效评估,做出相应的激励与惩罚措施。正如彼得·德鲁克所说:"如果我们不能有效评价员工的工作,就无法进行有效的管理。"

是的,如果我们搞一刀切,不能有效评价员工工作的优劣与差异性,就无法进行公平的奖优罚劣,其造成的局面无异于吃大锅饭,其结果将会是"劣币驱逐良币"，相信这是每一个领导者都不愿意看到的。事实上，只要予以适当的注意，人才管理上的"劣币驱逐良币"现象是可以成功规避的。

1. 全方位考核员工的胜任力

对员工的胜任程度，可从以下几个方面去考核：

第一，道德，也就是员工的思想道德情况。即是否诚实、守信，为人正直，是否能以团队、组织为家，是否把企业的利益放在了重要的位置；是否善于和其他员工进行协作；是否具有积极进取的工作态度等。这些是决定一个员工能不能认真工作，兢兢业业，圆满完成任务的关键考核标准。

回答这些问题是不能用数据来测量的，而应该是根据观察，根据日常工作、生活、待人接物、办事等多方面做定性的判断。具体可以将员工划分为优秀、良好、合格、一般等不同的等级。

第二，能力。是能否胜任工作的一个最重要衡量标准。也就是从能力的角度去衡量员工是否能胜任本岗位的工作，是否能够圆满完成本岗位的任务，如果答案是肯定的，那么员工就具备相应岗位的能力，是胜任工作的。能力，是衡量一个员工是否胜任的最基本标准，也是员工完成工作所需具备的一种最基本素质。

第三，勤奋。员工的勤奋程度可用优秀、良好、合格、一般四个等级来衡量，勤奋程度，往往是决定一个员工是否能够战胜困难、克服艰难险阻、是否胜任工作的一个重要因素。

第四，绩效。也就是工作业绩，不同的工作岗位，有不同的绩效衡量标准。如对于生产线上的工人，就可以用产品数量来衡量其绩效标准。而有些岗位是不能用数量来衡量绩效的，如办公室人员，他们的工作比较零散，很难进行量化，但是我们可以用看他们是否完成了本职工作来进行衡量，因为办公室人员从事的基本上都是一些支撑、配合性的工作，因此，就可以看他们的工作是否影响了其他相关部门和人员的工作，如果他们日常事务处理及时，并且很好地协调了其他各方面的工作，保证了企业的正常运转，那么，他们的就是完成了工作任务，对于他们的绩效考核标准，可以划分为优秀、良好、一般等。

2. 建立绩效、胜任力双重考核标准

胜任力代表了个人在团队里的发展潜力，绩效则为胜任力的产出成果，因此对管理者的衡量应该从员工的发展潜力和实际绩效水平两个方面来进行（图 7.1）。

图 7.1 员工双重考核标准

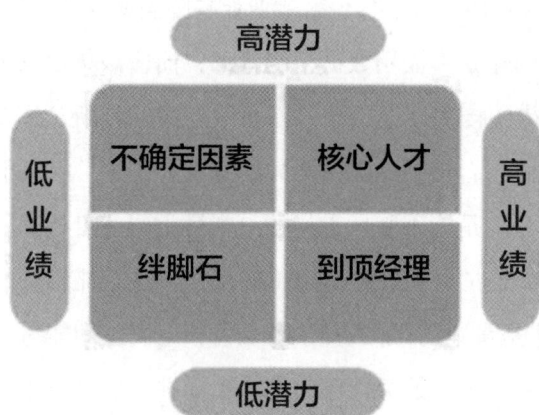

按照上述两个纬度，管理者对以下四种情况下的员工应区别对待：

第一，对于那些既有工作业绩，同时还具备相应发展潜力的员工，要委以重任，从激励、保留、培养等多角度加强对这部分员工的管理与潜能开发，尽量使其留在企业内，成为核心与骨干，以便创造更多的价值；

第二，具有"高发展潜力、低工作绩效"的员工，则是团队发展中的不确定性因素，对这部分员工，应考察他们业绩不佳的原因，如果是由个人素质上的硬伤造成的，就可以考虑将其淘汰；但如果是工作环境、个性与工作不匹配等其他管理因素或组织因素造成的，那么，管理者应根据员工的情况进行调整，促使其发挥潜能，提升绩效，转变为"高潜力、高绩效"

的核心人才；

第三，对于"低发展潜力、高工作绩效"的员工，由于他们基本上已经发挥出了个人的潜力，所以，应当尽量在保持职位不变的情况下赋予他们更多的责任和工作内容，并积极发挥其培养下属的作用；

第四，那些"低发展潜力、低工作绩效"的员工，则是组织、团队发展的一大障碍，对他们，可以考虑从下调到其他岗位或直接予以辞退。

系统制胜：协作系统

◎"雁阵"之于团队系统的启发。

一个团队的领导者好比是一只领头雁，要将"带"字融入团队工作的方方面面，以身垂范。这样，团队队形才不会散，才能合阵前行。

◎确保每个团队成员都有上升通道。

一流的团队系统是开放的包容的，同时又是充满机遇和成长空间的。给团队成员提供上升通道，并不仅仅是一刀切的给予其升职的机会。

◎系统制胜的秘密武器——协同作战。

团队协作能力对于一个团队至关重要，假设团队总能力为A，领导者的团队组织能力为a，每个队员的平均个人能力为b，对中人数为c，团队协作能力为d。那么就能得出这样一个共识：$A=a\times(b*c)(b*c)(b*c)......(b*c)(b*c)$（共d个$(b*c)$）相乘。

◎各司其职，充分授权：别和员工抢活干。

管理者的注意力应集中在领导职能上，而不是局限于具体事务上，管理者是用来处理"例外"的，而不是专注于日常事务的，对于那些小事杂事下属能做的事，要果断地授权下去。

◎团队的新陈代谢系统。

通过保持最适度的流动率，在团队稳定及成员担当之间取得平衡，以通过"新陈代谢"来提升团队的整体竞争力。

◎不要陷入"劣币驱逐良币"的陷阱。

避免团队管理一刀切，有效评估员工工作的优劣与差异性，进行公平的奖优罚劣，杜绝大锅饭，才能从根本上避免团队中"劣币驱逐良币"。

8.

进化系统：比复盘更有效的模式

·团队复盘系统

复盘，源于东方思维和东方文化，最早来源于棋类术语"复局"，即对棋完毕后，复演该盘棋的记录，以检查对局方法的优劣、得失，总结经验教训，规避同类错误，提升棋艺。

通常，不论是工作还是生活中，我们都没有能力和精力一次性将事情全部做对，但却有时间一次次的重复一件件错事。复盘的目的就是避免犯同样的错误，当然事后也可以不复盘，看上去也没有什么损失，但是毫无疑问，复盘可以让我们做得更好，不断精进，不断提升。

在团队工作中，复盘是一个重要的思考和管理工具。通过复盘可以纠正错误、找到正确方向、将合理的流程固化下来，同时了解团队的强弱优劣，使团队分工合作趋于合理，找到隐藏在背后的深层次问题和矛盾，从而为整个团队矫正方向，寻找更好的可能性，实现良性循环。联想控股董事长柳传志说过："复盘至关重要，通过复盘总结经验教训，尤其是失败的事情，要认真，不给自己留任何情面地的把这个想清楚，把事情想明白，然后就可以谋定而后动了。"

团队复盘要按照严格的步骤、方法和原则来进行，它是讨论会，而不是主持人一人的宣讲会，更不是毫无意义的争论会、批斗会。总之，团队复盘的目的是为了寻找新方法，激发新观点、新思路，是探寻团队管理、运作真相真理的总结会，既不要流于形式，更不能变为秋后算账的讨伐会。

1. 团队复盘三种角色

为了确保团队复盘的效果和效力，复盘过程应设置好引导人、设问人和叙述人三种角色，每种角色可以由一人或多人参加，都不可或缺。

第一，引导人

引导人的职责是确保复盘过程不偏离主题，按既定流程去推进，引导人是复盘活动的重要角色，既在复盘中，又在复盘外，类似主持人所发挥的作用。需要注意的是，引导人发挥的是引导作用，而不是主导作用，主导复盘过程的是其他参与人员，引导人在程序上要发挥自己的主导作用，而对于复盘本身，则应该交予其他参与人。

第二，提问人

所谓提问人，即负责在复盘进程中，旨在通过适当的提问，来发现、探索相关事情的本质，发现隐含的规律。提问人是否称职或是否能提出有深度的问题，是决定复盘工作成败与否的关键。

提问人要通过不断的追问，来抽丝剥茧，直抵问题的核心，所提问题主要有信息类问题和思维类问题。信息类问题即针对的事实层面，思维型问题目的是要探寻各个信息之间的逻辑关系，能够顺藤摸瓜，引起大家积极思考讨论，激发头脑风暴，从而得到一些根本性的认识和逻辑起源点。

第三，叙述人

叙述人，即具体事件和情况的陈述人，他们是复盘工作的基础，复盘就是要建立在他们的陈述和回答之上。

因此，要确保叙述人陈述的真实、完整客观，同时其他人员要确保叙述人处于一个良好的陈述环境之中，以完整地呈现整个事情地细枝末节。

2. 团队复盘八步骤

团队复盘，有八个步骤可供遵循：

第一步：目标回顾

这是复盘的起始，即回顾任务开始时的目标和期望值，主要包括几个问题：

· 该项任务的目的、意图是什么？

· 该任务渴望达成的目标是什么？

· 任务的行动计划是什么？

· 任务执行中预计会出现的情况是什么？

第二步：结果评估

即对任务达成结果进行评估，分析其值得肯定之处以及不足之处，进行结果评估时，要注意客观公正的去呈现事实，避免主观感受的干扰。

实际结果与预定目标相比，可能出现五种情况：

· 实际结果同预定目标一致，完成了预定目标；

· 实际结果超出了预定目标，超额完成预定目标；

· 实际结果不如预定目标，完成度比目标要差；

· 实际结果中出现了预定目标之外的结果，是在执行过程中的附加结果；

· 实际结果为零，完全没有达成预定目标。

结果对比的目的不是为了发现差距，也不是为了追究责任，而是为了发现导致这些问题的深层次原因。

第三步：过程阐述

即通过叙述人的阐述，让所有复盘参与人员了解事件的整个过程和方方面面的细节，让大家共享情景、共享信息，这样才能够拥有共同的讨论基础。过程阐述要照本宣科的进行，即提前做好相应的素材、文本准备，会议上照本宣讲即可，以避免重要信息的遗漏。

第四步：自我剖析

自我剖析的目的，是对既往经历、事实，进行充分的分析、反思，既要看到问题，也要承认取得的成绩，从中去找出原因，总结规律。自我剖析，既要客观，同时又要态度坚决，不留情面，以示改进的决心和勇气。否则，流于表面的剖析，其实际意义不大。

通过剖析，要发现任务、事件执行过程中的可控因素、不可控因素以及半可控因素，并从中发现——

· 自己没有尽力的地方有哪些？

· 已经尽力但没有效果的地方有哪些？

· 无处着力的地方有哪些?

通过这些问题的呈现,进一步找出解决和补救措施,以免今后再犯同类的错误,再步入同样的误区。

第五步: 众人设问

通过其他人的设问,可以打破事件本身的局限,以及叙述人个人的局限以及认识上的误区。从而探索更多的可能性,分析每一种可能性的条件和边界,等这些问题都深入了解清楚之后,隐藏的深层次问题也就一清二白了。

第六步: 总结规律

总结规律是复盘工作最重要的目的,上面所有的步骤都是为了得出一般性的规律,形成最接近真相的认识。总结规律得出的结论是否正确,最好的检验当然是时间,但是,一旦进入到实践阶段,则说明复盘工作已经结束,它依旧不是复盘当时就能确定的。

第七步: 案例验证

对于规律的验证,除了需要时间外,还可以借助案例来进行验证。即通过选择一些同类型的、同行业的、同情景的案例进行佐证,不能选取跟所复盘的事件无关的案例。

第八步: 复盘归档

将经过上述步骤得出的结论,进行归档,形成有据可查的资料,以文本的形式固化下来,形成团队知识体系,方便团队成员参考借鉴。

并根据上述总结制定下一步的改善措施和行动计划,即需要推出哪些新举措、继续哪些以往的举措,需要叫停哪些举措、方法、项目。

· 复盘他人,精进团队

复盘分为自我复盘、团队复盘和复盘他人,自我复盘可以随时随地进行,是个人获得成长的有效手段;团队复盘可以让复盘主导人和团队成员获得成长；复盘他人，则能够利用他人的实践让我们不花成本就获得成长，也就是所谓的"他山之石，可以攻玉"。

团队复盘他人的一个重要模式是复盘标杆。

无论是个人精进还是团队精进，榜样的力量都是无穷的，在团队精进过程中，一个行之有效的办法就是，不断为团队成员树立新的学习目标、超越目标，这种目标可以是组织内部的，也可以是自定的一种理想情况，可以是外部其他高绩效组织的，如：

· 谁在行业中的市场份额最大？

· 谁的客户满意度最高？

· 谁的运作流程最先进？

· 谁的员工最具竞争潜力？

· 谁的管理模式最好？

瞄准了这些最好的东西，然后想方设法在自己的团队内去实施、模仿进而超越。这样团队总体学习力才能日渐提升，没有上限。

这种复盘他人的方式，用一个专业的词汇来形容的话，那就是——"标杆式"管理。

中国古训称："以铜为鉴，可以正衣冠；以史为鉴，可以知兴替；以人为鉴，可以明得失。"如果将其运用到现代的企业管理当中，那便成为了当今西方管理学界与企业再造、战略联盟一起并称为20世纪90年代三大管理方法之一的"标杆式"管理。

俗语说得好"榜样的力量是无穷的"，通俗来说，"标杆式"管理就是为自己树立一个榜样。时至今日，对团队管理的进步来说，标杆已是一种不可或缺的工具。向榜样学习是追求进步与卓越的本能性举动，这种行为在历史上早就存在，如诸城邦之学希腊、日本之学大唐。

标杆管理，又称基准管理，目标管理，参照管理，是指团队或管理者将自己的产品、服务和经营管理方式，与行业内或其他行业的领袖企业进行衡量比较，找出自身的不足，学习他人长处，从而持续提高自身的产品质量和经营管理水平，并最终实现超越。它起源于 20 世纪 70 年代末 80 年代初，当时首先开辟"标杆式"管理先河的是施乐公司。

20 世纪 70 年代末，一直保持着世界复印机市场垄断地位的施乐公司，受到了来自日本企业如佳能、NEC 等公司的挑战。施乐公司在产品开发周期、开发人员上不再占优势，其全球市场份额从巅峰时期的 82% 直线下降到 35%。

面对竞争威胁，施乐公司迅速做出反应，决定向日本同行学习，开展了广泛、深入的"标杆式"管理。通过全方位的集中分析比较，施乐弄清了这些日本公司的运作机理，找出了与佳能等主要竞争对手的差距，全面调整了经营战略、战术，改进了业务流程，很快施乐公司就收到了成效，把失去的市场份额重新夺了回来，竞争力得到了大幅提升。

看到这里，你或许会问，施乐公司的学习标杆是佳能、NEC 等企业，那么佳能、NEC 这些企业又该以谁为标杆呢？也就是说那些本身已经做得十分出色的企业和管理者又该去模仿和学习谁呢？

其实，所谓的"标杆式"管理，真正的目的就是为自己去找一个学习榜样，来保持你的进取心或者叫企图心；哪怕你本身已经是很优秀的团队和管理者，你都可以找到，来看看美孚公司是怎么做的。

美孚石油公司是世界上最著名的公司之一，也是行业内的翘楚。早在 1992 年，它的年收入就已高达 670 亿美元，按理说，美孚公司应该找不到什么学习的标杆了，甚至也无须这样去做了。但极具进取心的美孚公司却想做得更好，为此他们进行了一次详细的顾客调查。结果发现，有 80% 的顾客最想要得到三样东西：一是快捷的服务，二是能提供帮助的友好员工，三是对他们的消费忠诚予以一些认可。

美孚进而又将顾客需要的三样东西简化为速度、微笑和安抚三个要素。在美孚看来，自己在石油行业已经做得最好了，但就上述三个要素而言，一定还有做得更加出色的其他行业的企业，于是，美孚决定分别就以上三个要素在行业外寻找自己的"标杆"：

功夫不负有心人，美孚想要的三个"标杆"很快都找到了：

第一，关于速度。美孚从一级方程式赛车上找到了灵感，他们发现在比赛中，当赛车风驰电掣般冲进加油站，为比赛提供加油服务的潘斯克公司的加油员就会一拥而上，一瞬间就为赛车加满油并目睹它们绝尘而去。美孚的工作人员经过细心观察，发现了潘斯克能够快速加油的绝招：加油员身着统一的制服，分工细致，配合默契。他们还使用了电子头套耳机，使得每个小组成员能及时地与同事联系。

弄清了这些，美孚开始改造自己的加油站：首先是在加油站的外线上修建停靠点，设立快速通道，供紧急加油使用；加油站员工开始佩戴耳机，形成一个团队，安全岛与便利店可以保持沟通，及时为顾客提供诸如汽水一类的商品；服务人员保持统一的制服，给顾客一个专业加油站的印象。

第二，关于微笑。美孚将丽思卡尔顿酒店当作了温馨服务的"标杆"。该酒店号称是全美最温馨的酒店，他们的服务人员总保持着招牌般的甜蜜微笑，因此也获得了顾客的极度赞誉。丽思卡尔顿酒店的员工们信奉的理念是——自己的使命就是照顾客人，使客人舒适。

美孚于是又开始用酒店培训员工的方式来对加油站工作人员进行微笑培训。现在，用加油站服务生约翰的话说："在顾客准备驶进的时候，我已经为他准备好了汽水和薯片，有时我在油泵旁边，准备好高级无铅汽油在那儿等着，他们都很高兴——因为你记住了他们的名字。"

第三，关于安抚。美孚从全美公认的回头客大王"家庭仓库"公司意识到了：公司中最重要的人是直接与客户打交道的员工。而过去在美孚公司，那些销售公司产品，与客户打交道的一线员工传统上却被认为公司里最无足轻重的人。现在，这种观念得到了彻底改变，一线员工也迅速得到了重视和相关培训。

经过细致入微的"标杆式"管理后，顾客再前往美孚各个加油站时，迎接他们的是身着整洁、头戴耳机的服务员真诚的微笑与问候，随后是快捷的服务流程。

美孚实施这一"标杆式"管理的结果是：加油站的平均年收入增长了10%。

可见，所谓"标杆"就是一切值得模仿的榜样。在团队中实施复盘标杆的过程中，应注意以下几点：

1. 可供选择的"标杆"

从美孚公司的成功实践我们看到，可供选择的"标杆"是多种多样的。通常，管理者可选择以下几种标杆管理方式：

第一，内部标杆学习。即以企业内部典范为榜样，为学习标杆。它是最简单且易操作的标杆学习方式之一。学习者应该辨识内部绩效标杆的标准，即确立内部标杆学习的主要目标，然后将其推广到本部门中，这是提高部门绩效与员工胜任力的一个最便捷的方法。当然，如果只是单纯执行企业内部标杆学习，时间长了往往会产生封闭思维。因此，在实践中内部标杆学习应该与外部标杆学习结合起来使用。

第二，竞争标杆学习。即以竞争对象为学习榜样，竞争标杆学习的目标是与有着相同市场企业的相关部门在产品、服务和工作流程等方面的绩效与实践进行比较，寻找差距和不足，并迎头赶上，提升自己的竞争力。

第三，职能标杆学习。以行业领先者、或某些企业的相关团队的优秀职能操作为学习榜样。这类标杆学习的合作者常常能相互分享一些技术和市场信息，标杆的基准是外部企业及其职能或业务实践。由于没有直接的竞争者，因此合作者往往较愿意提供和分享技术与市场信息。

第四，流程标杆学习。也就是以最佳工作流程为榜样进行的标杆学习。标杆学习是类似的工作流程，而不是某项业务与操作职能或实践。这类标杆学习可以跨越不同类组织进行，它一般要求学习者对整个工作流程和操作要有很详细的了解。

2. 复盘标杆的实施步骤

标杆学习的先驱和最著名的倡导者——施乐公司的罗伯特·开普，将标杆学习活动划分为 5 个阶段，每一阶段有若干个步骤：

第一阶段：计划。确认对哪个流程开始进行标杆学习，确定用于作比较的公司或团队，决定收集资料的方法并收集资料。

具体可在下面领域中来决定现在本团队该从哪一流程开展标杆学习工作：

（1）了解市场和消费者；

（2）设计产品和服务；

（3）推销产品和服务；

（4）提供产品和服务；

（5）向客户提供服务；

（6）确立部门远景目标；

（7）开发和管理人力资源；

（8）管理各种信息；

（9）管理财务资源；

（10）管理物质资源。

然后，要鼓励员工坦言现有操作流程中存在的问题与可以改进的地方，将该流程分解成若干的子流程，以确保你了解整体流程和每一细节。

第二阶段：发现与分析。了解作为标杆的公司或团队，确定自己目前的管理措施与"标杆"之间的绩效差异，拟定未来的绩效水准。

要尽可能地去了解被当作为标杆学习的对象，尽可能地了解他们的各种业务流程，这样才能充分学习到"标杆"真正制胜的东西。与此同时，在寻找标杆对象时，还应做到保持合法、机密、防止信息外流、未经许可不得擅自引用、做好准备、诚信、承诺并全力贯彻等应该遵守的行为规范。

第三阶段：整合。就标杆学习过程中的新问题、新发现进行交流并获得认同，最后来确立部门目标。

第四阶段：行动。制订一个行动计划，用来指导你的实践活动。通常，行动计划应包含人事、预算、培训、资源状况、评估方法等基本要素。

第五阶段：监测与评估。对标杆学习所产生的长远结果进行定性和定量评估，找出实施过程中的问题和偏差，并重新调校标杆，以做改善和矫正。

·团队系统精进的"六顶思考帽"

"在充满危机与冒险的新经济时代，企业和个人唯有改变既有的思考模式，放弃对过去成功经验的迷恋，学习有创意的思考方法，方能导出正确的经营思路。

"思考力的差距，会造成收入的差距，而对知识怠惰的人，在未来将因没有竞争力而无法生存下去。"

这是日本管理学家大前研一在其《思考的技术》一书中描述的一段充满警示的话，思考也是一项技术，这种观点颠覆了很多人的既有观念。

不错，思考同其他通常意义上的技术一样，也是一项务必要掌握的技术。如果说人的智商是一个汽车的发动机，知识是燃料，那么思考技术就相当于驾驶技术。这三项缺一不可，仅仅只有发动机和燃料的汽车，显然是无法开动的。

"思考是人类最根本的资源。"六顶思考帽的提出者爱德华·德·波诺博士说，"我们对思考方法的追求永无止境。不论我们已经有多好，我们总想变得更好。"

在波诺博士看来，人们所使用的传统纵向思维方法，已经难以应对当今社会的快速变化及错综复杂的形式，相对的，波诺颠覆性地提出了横向思维的方法。

纵向思维，这一传统思维方式的思考者往往是，从信息的某个状况直接推演到另一个状况，这就好像建造一栋大楼时，将砖块一块接一块牢固地叠起来。纵向思维的特性之一就是连贯性，相反的是，横向思维的特性之一则是不连贯。

横向思维是移动的，是有创造力的，即从一种看待事物的方法移动到另一种方怯。横向思维的关键并不是为了确定最适当的方案，而总是在不断寻找更好的方案中。

横向思维是充满希望，充满创造力的，它总是希冀可以经由重新组合而达到更好的模式。横向思维绝对不是要尝试证明什么，而只是要探寻、引发新想法。与此相反，纵向思维通常是有选择性的，它寻求的是判决、证明，以便去建立某种观点或是关系。横向思维和改变、移动有关，纵向思维则和稳定有关，寻找一个令人满足的答案，然后就此打住。

简而言之，纵向思维是在寻找答案，而横向思维是在寻找问题。纵向思维者会判断什么是对的，然后全心投注于此，而横向思维者则不断在寻找替代方案。

纵向思维者经常说："这是解决问题最好、最正确的方法。"

横向思维者则常说："想一想还有没有其他方案，换个角度来思考一下。"

而"六项思考帽"，就是波诺博士创造的一种横向思维方法。所谓的"六项思考帽"，就是将思维分成六个不同的维度，并分别用六顶不同颜色的帽子来代替。"六项思考帽"的本质是为了寻找一条前进的路，而不是用来争论谁对谁错。

至今笔者犹记得我国在 2001 年申奥成功时举国欢腾的景象，然而在1984 年，当奥运会的举办权花落美国洛杉矶肩上时，这座城市却没有任何的激动与喜悦。因为在之前，所有举办过奥运会的城市都会负债累累，从来没有过赢利的记录。但奥运会的组织者尤勃罗斯好像没有这种悲观情绪，他承诺将组织一届完全依靠民间力量的奥运会，当时的洛杉矶市长委员会闻讯后无不松了一口气，就像是甩掉了一个大包袱。

后来的结果却出乎了绝大多数人的预料，这届规模空前的盛会结束后，尤勃罗斯居然破天荒地赢利 1.5 亿美元。一时间舆论哗然。在接受《时代》采访时，尤勃罗斯说出了自己的成功秘诀。他说这次的成功应归功于在青年总裁培训班里接受的波诺思维训练，他自称是"波诺思考拯救了奥运会"。

波诺的"六顶思考帽"确实魔力非凡，对于团队想要达到的很多目的，它都能够达成，比如：

- 在多数人只能发现问题的地方找到机会；
- 发现一个问题的新的角度，从而找到商业机会；
- 将问题分解成不同层次的技能；
- 培养团队的协同思维能力；
- 用平行思考的力量替代以往对抗和相反的思考；
- 创建动态的、积极的环境争取人们参与；
- 有效地提高团队的创造能力；

据我观察，有不少工作团队，在讨论问题时，常常会引起激烈的对抗性争论，这种争论不仅无助于问题的解决，而且它还是团队凝聚力和学习力的杀手。

因为这些团队采取的多是传统的思考方法，讨论中，每个人都是习惯性地从自身的角度、从局部去考虑问题，并且容易情绪化，稍有不慎，团队成员之间就会出现对抗。随后就会争论不休，而难以发挥出应有的团队集体智慧。

而六顶帽子的思维方式，则是横向思维方式，这种思考方式之下，在任何一个时刻，团队中的成员都会只往一个方面想。

如某个销售团队的十几个人，在探讨某项销售方案的优劣时，在传统思考方式下，很可能是一部分人说好，一部分人说不好，还有一部分人干脆不做任何评论，这就很容易照成混乱，并产生对抗性辩论；而横向思考方式下，讨论都是有主题的、分阶段的讨论，如可以先讨论销售方案的优点，这时大家都说优点，谁也不准说优点以外的事，然后接下来，大家再说说缺点，这个时候只准说缺点，最后，大家再总结一下。水平思考，可以让团队中的每个人都能参与。

我们知道，现实中的团队，团队成员往往都是被迫接受团队既定的思维模式，这在很大程度上限制了个人和团队的配合度，导致很多问题不能够得到有效解决。而运用"六项思考帽"方法后，团队成员将不再局限于某一单一的固定思维模式，而且思考帽代表的是角色分类，是一种思考要求，而不是代表扮演者本人。六项思考帽代表的六种思维角色，几乎涵盖了思维的整个过程，既可以有效地支持个人的行为，也可以支持团体讨论中的互相激发。现在，我们有必要了解一下这六项思考帽究竟是什么。

1. 白色思考帽

白色是中立而客观的，代表信息、事实和数据。戴上白色思考帽，人们只是关注事实和数据。

使用白帽思维时，应注意这样几个问题：我们现在有什么信息？我们还需要什么信息？我们怎么得到所需要的信息？这些信息包括确凿的事实、需要验证的问题，也包括坊间的传闻以及个人的观点等等。

通过白帽思维，你可以：

第一，准确地提出事实和数据；

第二，用事实和数据来支持一种观点；

第三，为某种观点搜寻事实和数据；

第四，信任事实和检验事实；

第五，处理两种观点提供的信息冲突；

第六，评估信息的相关性和准确性；

第七，区分事实和推论。

2. 黄色思考帽

黄色代表价值与肯定，代表阳光和乐观，代表事物合乎逻辑性、积极性的一面。戴上黄色思考帽，人们更多地会从正面考虑问题，表达乐观的、满怀希望的、建设性的观点。

黄色思维要着重考虑以下问题：

第一，有哪些积极因素？

第二，存在哪些有价值的方面？

第三，这个观念有没有什么特别吸引人的地方？

第四，这样可行吗？

通过黄帽思维，可以帮助我们做到深思熟虑，强化创造性方法和新的思维方向。

3. 黑色思考帽

黑色，意味着逻辑上的否定，象征着谨慎、批评以及对于风险的评估。戴上黑色思考帽，人们可以运用否定、怀疑、质疑的看法，合乎逻辑地进行批判，尽情发表负面的意见，找出逻辑上的错误。

黑帽思维为了达成的目的是：

第一，发现缺点，思考中有什么错误？

第二，做出评价，这件事可能的结果是什么？

通过黑帽思维，你可以：

第一，做出最佳决策；

第二，指出遇到的困难；

第三，对所有的问题给出合乎逻辑的理由；

第四，用在黄色思维之后，它是一个强效有力的评估工具；

第五，在绿色思维之前使用黑色思维，可以提供改进和解决问题的方法。

4. 红色思考帽

红色是情感的色彩，使人想到热烈与情绪。戴上红色思考帽，人们可以表现自己的情绪，人们还可以表达直觉、感受、预感等方面的看法。

红帽思维就像一面镜子，反射人们的一切感受。通过它，你可以准确地表达出自己的直觉和感情，一句话，红帽要解决的问题是：我对此的感觉是什么？

5. 绿色思考帽

绿色代表茵茵芳草，象征勃勃生机，是充满生机的，绿色思维不需要以逻辑性为基础。绿色思考帽寓意创造力和想象力。它具有创造性思考、头脑风暴、求异思维等功能。

在做绿帽思维时，要时刻想到下列问题：

第一，我们还有其他方法来做这件事吗？

第二，我们还能做其他什么事情吗？

第三，有什么可能发生的事情吗？

第四，什么方法可以克服我们遇到的困难？

通过绿帽思维，可以激发行动的指导思想，提出解释，预言结果和新的设计。使用绿帽思维，我们能够找出各种可供选择的方案以及新颖的念头。

6. 蓝色思考帽

蓝色是天空的颜色，有纵观全局之意，蓝色思考帽负责控制和调节思维过程。它负责控制各种思考帽的使用顺序，它规划和管理整个思考过程，并负责做出结论。

蓝帽思维是控制帽，蓝帽思维常在思维的开始、中间和结束时使用。使用蓝帽思维时，要时刻想到下列问题：

第一，议程是怎样的？

第二，下一步怎么办？

第三，现在使用的是哪一种帽子？

第四，怎样总结现有的讨论？

第五，决定是什么？

通过蓝帽思维，你可以：

第一，发挥思维促进者的作用；

第二，集中和再次集中思考；

第三，处理对特殊种类思考的需求；

第四，指出不当意见；

第五，按需要对思考进行总结；

第六，促进团队做出决策。

· 从复盘到学习型团队

"你永远不能休息，否则你将永远休息。"这是英特尔用来警诫其管理者和员工的话语。

这些危机意识是每一个团队主导者及其成员时刻应该具备的，如何才能化解危机，唯有学习，不断地学习，终身学习！

我们知道——

20 世纪 80 年代，文盲的标志是不识字；

20 世纪 90 年代，文盲的标志是不会用电脑；

21 世纪，文盲的标志则是不会再学习；

我还要再加一句——

21 世纪，具备永续竞争力的管理者的标志是：不仅要学习，会学习，还要终生学习，修炼成为终身学习型管理者、学习型团队。无论是团队复盘，还是学习标杆，以及团队精进，都是学习型团队的基本范畴。只有学习型团队，才能够与时俱进，不断完善团队系统，提升团队战斗力，以应对日益复杂的内外部挑战。

索尼公司创始人盛田昭夫写过一本名叫《让学历见鬼去吧》的书，盛田昭夫不仅仅是说说而已，他为索尼公司选择的接班人大贺则尾，此人学历确实不高，只是高中毕业。

那盛田昭夫为什么还要对他委以重任呢？他的领导能力当然是一方面，同时这也是和大贺则尾善于学习、善于在工作中学习、善于终身学习密不可分的。

管理者自身的学习是一个方面，另外也不可忽视团队学习，要想方设法带出一个学习型团队。学习型团队，目前还是一个比较新的概念，其实德鲁克早在十几年前就提出了学习型团队的概念，他认为团队是组织学习的基本单位。

确实是这样，各级管理者能否在各自的团队内带领大家一同去学习，将事关整个组织向学习型组织转身的成败。

根据我的管理实践及培训经验，依我看要组建一个学习型团队，关键是做好两个方面的工作：

1. 在团队中形成团队学习的机制

在学习型团队中，应树立起"责任学习""能力学习""终身学习"和"创新学习"的团队学习新理念。

还有，值得注意的是，"闻道有先后，术业有专攻"，当今的形势要求团队学习要以精细化的学习模式替代往常大而全的学习模式。在学习的精细化程度上下功夫，可以使团队学习更加易于推进，更加易于收到实效，也更有利于学以致用。

学习型团队仅仅靠口号、走形式、装门面，是不能创建起来的。成功的学习型团队背后必须有一系列的机制作保障。如建立学习制度，提供物质保障，形成激励机制，将组织、团队的学习要求与员工的学习自觉融合互动、相得益彰。这些机制主要包括：

第一，动力机制。通过制定激励制度，将团队成员的学习成果与个人的工资福利待遇相结合，与员工的绩效考核评价相结合，切实调动起员工的学习兴趣和热情。

第二，评估机制。学习是否有效？应该学到什么程度？员工学习的成效应该由谁说了算？这些都是团队学习必须要考虑的问题。解决这些问题的关键在于建立评估机制，在团队内部成立或外聘专家小组，再和团队领导组成评估小组，由评估小组来制定不同类型团队学习的评估标准，以此为依据，对不同类型的团队学习定期进行客观、统一、科学的考核、评价，注意总结教训、推广经验。

第三，投入机制。学习通常意味着一定的人力、物力、财力的投入，为此，团队管理者应根据自己的权限和能力制定激励政策，设立组织学习基金、奖励基金，支持创建学习型团队工作，为创建学习型团队提供物质支持。

2. 营造团队学习氛围

大家都听说过"孟母三迁"的典故，孟母为了不让孟子沾染恶习，身处一个良好的学习环境，不惜先后三次搬家，最后定居在了"学宫之院"，在那里，孟子被学院里传出的朗朗读书声所吸引，产生了浓厚的学习兴趣，从此发奋读书。

可见，即使是一个不爱学习的人，当他置身于一种良好的学习氛围中，置身于一群喜欢学习的人中间，那么，逐渐地，经过耳濡目染他也就会变成爱学习的人了。

当今更崇尚的是共同学习，团队学习。《学记》中写道："独学而无友，则孤陋而寡闻。"其意思是说，如果学习中缺乏同别人的交流切磋，就必然会导致知识狭隘，见识短浅。共同学习、团队学习的效果要比单独一个人去摸索，效果要好得多。

对于营造团队学习氛围，根据多年的观察及经验，有以下几点建议：

第一，营造和谐的内部氛围

同个人学习相比，团队学习由于涉及面更广，涉及的人更多，因此也就存在更多障碍与挑战。特别是团队是由不同个性的成员所组成，他们的自我意识乃至不合作的态度将是团队学习的大敌。从这个意义上说，团队内部的团结，上下协调以及团队环境的民主、和谐是建构学习型团队的一个重要基础。

20世纪初，英国乡村的牛奶配送体系就已经相当完善，每天早晨，牛奶都会被准时送到顾客家门口。不过由于当时的牛奶瓶没有盖子，附近的山雀与知更鸟常常能够抢先一步，在顾客取回牛奶之前喝到牛奶。

后来，牛奶厂家对奶瓶进行了改进，加装了铝制的瓶盖，于是，山雀与知更鸟便再也无法喝到牛奶了。但到了50年代初期，经过了不断的尝试和学习，当地的所有山雀（约100万只）竟然都学会了如何刺穿牛奶瓶铝制瓶盖的技术，它们又能喝到免费的牛奶了。再看知更鸟，它们只有极少一部分学会了这种技术，但始终没能在自己的群体中得到大面积推广。

山雀经过的是一个团队、组织学习的过程，它们由个体到全体，最后群体所有成员都学会了新的生存本领。而知更鸟群体却没能做到这一点。

感到好奇的生物学家进行了调查研究，他们发现，山雀早在年幼时期，就已学会了和同伴和谐相处以及编队飞行。而知更鸟则喜欢特立独行，具有很强的排他性，知更鸟在自己的势力范围内，是不允许其他雄鸟进入的，同类之间大多时候也是一种紧张的敌对关系。正因为如此，内部和谐相处的山雀，比起互相敌视对立的知更鸟，更善于团队学习互助，因此它们的生存能力也更强。

可见，在一个团队之内，如果内部竞争太激烈，成员之间互相敌视拆台，那么，这样的团队就很难成其为一个学习型团队。所以说，要打造学习型团队，其先决条件是必须有团结、协调及和谐的内部气氛，唯其如此，团队内部的成员才能善于互相分享知识。

第二，倡导"能者为师"

"三人行，必有我师。"每个人都有其擅长的优势，都有自己的闪光点。

团队领导者要充分意识到这一点，要让每个具有特殊才能和优势的人都可以在团队内部为师，发挥自己所长，这样团队学习氛围自然而然就形成了。

第三，管理者带头学习，以便上行下效

打造一个学习型团队，团队带头人首先要以身作则，通过自己的学习，来给员工做好示范作用。正人先正己，要让团队形成良好的学习氛围，必须以身作则，因为示范和上行下效的力量是惊人的。管理者通过以身作则去学习，通过严格要求自己，构建起在员工中的影响力，那么上下才能够同心，大大提高团队的学习效力。

第四，学习要能为员工带来切实的好处

据观察，员工其实真正抵制的是那种大而空的学习，因为这种学习不能给他们带来明显的进度和成长。因此，针对员工的学习和培训，一定要结合各个个体的实际情况，结合他们的职务、工作中遇到的问题和成长瓶颈来进行，如此才能收到事半功倍之效，才能让他们真正有所收获，提升自己的工作能力。

第五，构筑团队学习体系

团队学习要分层次，从管理层到普通成员员工都要列入团队学习系统，同时培训要分批次，分对象有计划地进行。管理者不但要重视个人学习和个人心智、能力的开发，更要强调组织成员的合作学习和组织智能的开发。

松下是一家注重打造团队学习体系的伟大企业，据一位在该公司工作过的朋友透露，松下的培训种类齐全，培训课程丰富多彩，培训手段多种多样，有一种"工作即学习，学习即工作"的氛围。比如员工从入社开始，就开始了职前培训，在岗培训有师带徒，导师制，岗位技能培训，轮岗培训等，还有出国学习，前往总部深造等各种学习的机会。松下企业一直在提倡一个理念："一个优秀的管理者，必定是一个出色的教练。"这种成体系的团队、组织学习气氛，成就了松下的百年伟业。

系统制胜：进化系统

◎打造团队复盘系统。

在团队工作中，复盘是一个重要的思考和管理工具。通过复盘可以纠正错误、找到正确方向、将合理的流程固化下来，同时了解团队的强弱优劣，使团队分工合作趋于合理，为整个团队矫正方向，寻找更好的可能性，实现良性循环。

◎复盘他人，精进团队。

团队复盘他人的一个重要模式是复盘标杆。在团队精进过程中，一个行之有效的办法就是，不断为团队成员树立新的学习目标、超越目标。

◎团队系统精进的"六顶思考帽"。

六顶思考帽代表的六种思维角色，几乎涵盖了思维的整个过程，既可以有效地支持个人的行为，也可以支持团体讨论中的互相激发。

◎从复盘到学习型团队打造。

学习型团队仅仅靠口号、走形式、装门面，是不能创建起来的。成功的学习型团队背后必须有一系列的机制做保障。比如建立学习制度，提供物质保障，形成激励机制，将组织、团队的学习要求与员工的学习自觉融合互动、相得益彰。